QUESTIONNAIRE

A L'USAGE DES

Chasseurs

à pied

LIBRAIRIE MILITAIRE BERGER-LEVRAULT

PARIS   NANCY

RUE DES BEAUX-ARTS, 5-7   RUE DES GLACIS, 18

RENSEIGNEMENTS

——— Cie   31e B^{on}

Nom du Chasseur ....

N° matricule .... N° du fusil ....

GÉNÉRAUX

M. .... commandant le 21e corps d'armée

M. .... commandant la 43e division.

M. .... commandant la 86e brigade.

———

Chef de bataillon commandant . M. ....

Capitaine adjudant-major ...... M. ....

Capitaine directeur des Écoles . M. ....

Capitaine-major .... M. ....

Médecin-major .... M. ....

Médecin aide-major .... M. ....

Capitaine .... M. ....

Lieutenant .. M. ....

Lieutenant .. M. ....

.... Adjudant .... Sergent

.... Sergent-major .... Caporal

.... Sergent fourrier ....

QUESTIONNAIRE

A -L'USAGE

DES CHASSEURS A PIED

DEVOIRS MORAUX

La Patrie.

Qu'est-ce que la Patrie?
La Patrie est le pays où nous sommes nés; c'est l'ensemble de nos institutions, de nos biens, de nos villages, de nos familles, c'est la terre de France.
C'est aussi notre langue française, la plus belle et la plus claire de toutes, et que nous devons tous savoir lire et écrire convenablement; elle est l'image du caractère national commun à la plupart des Français; il se distingue par la clarté des idées, le bon sens, l'amour du progrès, la loyauté, la générosité

des sentiments, la sociabilité, qui est le goût de
vivre en société, et l'inclination à s'aimer les
uns les autres.

Nos lois et nos institutions se sont faites peu
à peu et non sans peine, mais finalement selon
nos goûts et notre tempérament, et il a fallu
pour cela beaucoup de siècles, le travail en
commun de nombreuses générations; et il a
fallu aussi que nos ancêtres versent souvent
leur sang pour constituer, pour conserver, pour
maintenir française cette terre qui nous nourrit
non seulement de pain et de vin, mais encore
de sentiments, de croyances et d'idées.

Aujourd'hui, grâce à notre sociabilité et à
notre amour d'une *Liberté* sage et ordonnée, la
France est le pays où il fait le meilleur vivre.
Beaucoup d'étrangers l'éprouvent et chérissent
la France comme une deuxième Patrie. On
comprend, dès lors, pourquoi nous retrouvons
notre pays avec tant d'émotion après un voyage
à l'étranger.

La Patrie est à tous les Français, riches et
pauvres, et les richesses matérielles ne sont pas
ce que nous aurions de plus précieux à défendre si l'Étranger voulait venir nous dicter des
lois et abolir notre indépendance.

Qu'est-ce que le Patriotisme?
Le patriotisme, c'est l'amour de la Patrie.
C'est un sentiment comme l'amour filial; il ne
se discute pas plus que celui-ci.

Comme lui, il est doux à éprouver, et ceux
qui, par la sécheresse de leur cœur, ne le ressen-
tiraient pas, ignoreraient une des meilleures
choses d'ici-bas.

Quel est le rôle de l'armée?

Son rôle est de défendre et de protéger la Patrie contre les ennemis de l'extérieur. Elle assure sa grandeur et son autorité dans le monde par la force qu'elle lui donne.

Elle sert aussi à maintenir l'ordre et la loi à l'intérieur; dans notre pays de suffrage universel, la loi est la règle commune à tous les citoyens; elle est l'expression de la volonté nationale, et le Gouvernement a le devoir strict de la faire respecter; pour cela, il dispose de la force armée.

Le Drapeau.

Qu'est-ce que le Drapeau?
Le drapeau est l'image de la Patrie.

Quels sentiments doit animer le Chasseur envers le Drapeau?
Le drapeau représentant la Patrie, on ne doit jamais l'abandonner. Il faut l'aimer, le respecter, le protéger et le défendre jusqu'à la mort.

Quelles inscriptions porte le Drapeau?
D'un côté : République Française, Honneur et Patrie; de l'autre côté, le nom des batailles où le corps s'est illustré.

Combien les Chasseurs à pied ont-ils de drapeaux?
Il n'y a qu'un seul drapeau pour tous les Bataillons de Chasseurs à pied.

Quels noms de batailles y-a-t-il sur le drapeau des Chasseurs à pied?

Isly, Sidi-Brahim, Sébastopol, Solférino, Extrême-Orient, Madagascar.

Où ont eu lieu ces batailles et à quelles dates?

Isly : 1844, en Afrique, sur la frontière du Maroc, nom d'une rivière, bataille livrée contre Abd-el-Kader et l'empereur du Maroc.

Sidi-Brahim : 23, 24 et 25 septembre 1845, en Algérie, nom d'un marabout, combat livré contre Abd-el-Kader.

Sébastopol : 1854, 1855, en Crimée (Russie), nom d'une ville, siège de la ville contre les Russes, la France était alliée avec l'Angleterre.

Solférino : 1859, en Italie, nom d'une ville, bataille gagnée contre les Autrichiens; la France était alliée avec l'Italie.

Extrême-Orient : Expéditions d'Asie (Tonkin, Chine, Cochinchine, etc.), expéditions faites contre les peuples de ces différents pays pour protéger la vie de nos nationaux.

Madagascar : 1895, île du sud de l'Afrique, expédition et conquête du pays.

Le drapeau des Chasseurs à pied n'est-il pas décoré?

Si, il est un des onze drapeaux qui ont cet honneur.

Pourquoi le drapeau des Chasseurs à pied est-il décoré?

Il est décoré de la Légion d'honneur parce que le chasseur Montellier, des Chasseurs de la Garde, et le Sergent Garnier, du 10ᵉ Bataillon de Chasseurs à pied, ont enlevé chacun un drapeau autrichien à la bataille de Solférino.

Qui a la garde du drapeau?

La garde du drapeau est confiée actuellement au 10ᵉ bataillon, en souvenir du fait d'armes du sergent Garnier.

La Discipline.

Qu'est-ce que la discipline?

La discipline est l'accomplissement volontaire de tous les devoirs militaires et l'obéissance complète aux ordres des chefs.

En quoi le Chasseur montre-t-il qu'il est discipliné?

En se faisant toujours remarquer par sa soumission, son zèle et sa bonne conduite.

La discipline est-elle nécessaire dans une armée?

Oui, car sans discipline il n'y a pas d'armée possible; et sans elle aucun succès ni aucun résultat ne peuvent être obtenus.

Comment doit-on comprendre la discipline?

Comme un devoir de citoyen vis-à-vis de la nation et non comme un asservissement : le mauvais Chasseur seul trouve la discipline sévère.

Esprit de corps.

Qu'est-ce que l'esprit de corps?

L'esprit de corps est l'attachement aux traditions qui ont toujours fait considérer les Chasseurs à pied comme une troupe d'élite.

Comment le Chasseur à pied montre-t-il qu'il a l'esprit de corps?

En étant fier de son uniforme, discipliné, bon tireur, bon marcheur, et en continuant à maintenir la bonne réputation des Chasseurs à pied.

Quelle doit être la conduite des Chasseurs vis-à-vis des soldats des autres corps?

Ils doivent les considérer en camarades, ne pas leur chercher querelle, et chercher uniquement à leur être supérieurs en tout.

Quels sont les devoirs du chasseur envers lui-même?

Le bon Chasseur doit éviter les mauvaises fréquentations, les lieux mal famés, ne pas s'enivrer et éviter tout scandale.

Est-on moins puni lorsqu'on a commis une faute étant ivre?

Non, au contraire, c'est une première faute que de s'enivrer.

Comment doit-on se comporter vis-à-vis de ses camarades?

On doit aimer ses camarades, chercher à leur rendre service, ne pas leur chercher querelle et respecter ce qui leur appartient.

Quels sont les devoirs des anciens Chasseurs vis-à-vis des jeunes à leur arrivée?

Les anciens Chasseurs doivent faire bon accueil aux jeunes et être pour eux de bons camarades.

Un ancien Chasseur qui brimerait un jeune n'encourrait-il pas une punition?

Si, les brimades sont très sévèrement punies.

En quoi consiste la camaraderie militaire?
A s'aider les uns les autres.

A quoi s'expose un Chasseur qui vole ses ca-marades?.
Il s'expose à être traduit devant un Conseil de guerre et à être condamné à un an de prison (minimum de la peine).

Quels sont les devoirs du Chasseur vis-à-vis de sa famille?
Il doit écrire régulièrement à sa famille, ne lui dire que la vérité, sans se plaindre mal à propos.

Qu'alloue l'État au Chasseur pour lui permettre d'écrire à sa famille?
L'État alloue gratuitement deux timbres par mois.

Comment doit-on se comporter envers l'élément civil?
On doit éviter tout propos grossier à l'adresse des personnes que l'on rencontre, éviter de les quereller et respecter leurs biens.

SERVICE INTÉRIEUR

Salut.

Qu'est-ce que le salut militaire?

Le salut militaire est une marque de déférence et de respect envers ses supérieurs.

Comment se fait le salut militaire?

Toujours debout, en regardant son supérieur, on porte la main droite ouverte au côté droit de la coiffure.

A qui doit-on le salut?

A tous ses supérieurs des armées de terre et de mer; aux drapeaux des régiments, aux officiers étrangers en uniforme, aux préfets et sous-préfets en tenue, aux convois funèbres, aux militaires décorés de la Légion d'honneur ou de la *médaille militaire* et porteurs de leurs décorations.

Quand doit-on le salut?

Toujours, en tout temps et en tous lieux, de jour et de nuit et même en dehors du service.

Doit-on saluer les officiers en civil?

Oui, toutes les fois qu'on les reconnaît.

Comment salue-t-on quand on est armé du fusil?

On salue en présentant l'arme; si l'on est en marche et isolé, on tourne la tête du côté de la personne que l'on salue.

Que fait-on si on a à parler à un supérieur?

On l'aborde franchement, on s'arrête à quatre pas de lui, on salue et on reste au garde à vous.

Que fait-on si on a une lettre ou un objet à lui remettre?
On l'aborde comme il vient d'être dit et on lui remet la lettre ou l'objet de la main gauche.

Que fait-on pour quitter un supérieur?
On salue et on fait demi-tour correctement.

Que fait-on si l'on est armé du fusil?
On se présente devant lui, en présentant les armes, on repose l'arme au pied en gardant une attitude correcte; si le supérieur n'est pas officier on se présente l'arme au pied et au garde à vous.

Que faut-il faire pour entrer dans le logement ou le bureau d'un supérieur?
On frappe, on fait le salut militaire, on se découvre et on reste au garde à vous.

Appellations.

Comment appelle-t-on ses supérieurs?
Par leurs grades que l'on fait précéder du mot « mon » pour les officiers et les adjudants.

Combien y a-t-il de sortes d'officiers?
Trois sortes :
Les officiers subalternes.
Les officiers supérieurs.
Les officiers généraux.

Quels sont les officiers subalternes?
Ce sont :
Les Sous-Lieutenants,
Les Lieutenants,
Les Capitaines.

Quels sont les officiers supérieurs ?
Ce sont :
Les Commandants,
Les Lieutenants-Colonels,
Les Colonels.

Quels sont les officiers généraux ?
Ce sont :
Les Généraux de Brigade,
Les Généraux de Division.

Quels sont les autres gradés ?
Les Adjudants-chefs,
Les Adjudants,
Les Aspirants,
Les Sergents-Majors,
Les Sergents Fourriers,
Les Sergents,
Les Caporaux fourriers,
Les Caporaux.

Que fait-on quand un officier supérieur non chef de corps ou subalterne entre dans une chambre, un réfectoire, un poste ?
Le premier qui l'aperçoit crie « fixe »; chacun se découvre si l'on est sans armes, et garde l'immobilité et le silence jusqu'à ce que l'officier soit sorti ou ait commandé repos.

Si c'est un officier supérieur chef de corps ou général ?
Le premier qui l'aperçoit crie : « A vos rangs », chacun se porte au pied de son lit; il est alors commandé « fixe ».

Que fait-on si l'on est en armes ?
On ne se découvre jamais en armes; si l'on est armé du fusil, on prend la position du garde à vous.

Punitions. — Réclamations.

Par qui peut-on être puni?
Par tous ses supérieurs.

Qui commande en l'absence des gradés?
Le plus ancien chasseur, et tous lui doivent obéissance.

Quelles sont les punitions?
Les punitions sont :
La consigne au quartier,
La salle de police,
La prison,
La cellule,
Et l'envoi aux sections spéciales.

Qu'arrive-t-il aux hommes qui ont été punis de prison?
Ils restent au Corps après le départ de leur classe pendant un nombre de journées égal au nombre de journées de prison ou de cellule qu'ils auront subies, déductions faite des punitions n'excédant pas huit jours.

Si l'on croit avoir été puni d'une manière injuste, que fait-on?
On demande à réclamer à son Capitaine, mais une réclamation non fondée peut entraîner une nouvelle punition, on doit obéir d'abord et ne réclamer qu'après avoir commencé sa punition.

Comment fait-on pour réclamer ou pour faire une demande à un titre quelconque?
On demande à parler au Capitaine par l'intermédiaire du sergent-major; toute demande

écrite ou verbale doit passer par la voie hiérarchique.

Plusieurs soldats peuvent-ils réclamer ensemble?
Non, jamais.

Permissions. — Prolongations.

A qui sont accordées les permissions?
Seulement aux Chasseurs qui les ont méritées par leur bonne conduite.

Les permissions sont-elles un droit?
Non, mais une faveur.

Combien peut-on avoir de jours de permission pendant ses trois années de service?
Cent vingt jours, les permissions de vingt-quatre heures ne comptent pas dans le total des cent vingt jours.

Comment sont demandées les permissions?
On s'adresse au sergent-major qui en fait la demande au Capitaine.

Quelles permissions peut-on obtenir?
Les permissions de l'exercice, de dix heures, de minuit, de la nuit, de un ou plusieurs jours.

Si un Chasseur relève d'un Chef de service, comment fait-il pour obtenir une permission?
Il demande d'abord une autorisation écrite à son chef de service et remet cette autorisation au sergent-major.

A quoi s'expose un Chasseur qui s'absente sans permission?
Il est porté déserteur au bout de six jours d'absence.

Et s'il ne rentre pas à l'expiration d'une permission?

Il est porté déserteur au bout de quinze jours d'absence.

Les délais ne sont-ils pas plus longs pour les jeunes soldats n'ayant pas trois mois de service?

Si, ils ne sont portés déserteurs qu'après un mois d'absence.

Étant en permission, comment fait-on pour obtenir une prolongation pour affaire de santé ou de famille?

La permission est démandée directement par l'intéressé au Chef de Corps; la politesse exige que l'on prévienne par lettre son Capitaine.

Quelle doit être la tenue et la conduite des Chasseurs en permission?

Ils doivent avoir toujours une tenue et une conduite correcte, ne pas s'enivrer, ne pas fréquenter des camarades faisant du bruit; il leur est de plus défendu de prendre part à aucune manifestation politique ou religieuse.

Est-il permis de se faire recommander pour obtenir une faveur?

Non, le bon chasseur se recommande de lui-même à ses chefs par sa bonné tenue, sa bonne conduite et son obéissance.

Étant en permission de plus de huit jours, que fait-on à l'arrivée chez soi?

Tout permissionnaire de plus de huit jours doit, à l'arrivée au lieu de sa permission, se présenter au bureau de la place ou à la gendarmerie, faire viser son titre de permission; pour Paris, le délai est de quinze jours.

Correspondance militaire.

Quels termes doit-on employer vis-à-vis de ses supérieurs lorsqu'on doit correspondre avec eux?
On ne doit employer aucun terme de politesse pour terminer la lettre et exposer clairement et brièvement le but de la correspondance.

EXEMPLE :
Le chasseur de 2ᵉ classe Henri,
à Monsieur le Chef de Bataillon commandant
le 31ᵉ Bataillon de Chasseurs à pied,

OBJET :
—
DEMANDE
DE
PERMISSION
—o—

J'ai l'honneur de vous rendre compte qu'étant en permission de vingt-quatre heures chez mes parents, 4, rue de Lille, à Paris, je suis atteint d'une angine qui me force à garder le lit.
Ci-joint certificat du médecin.
En conséquence j'ai l'honneur de solliciter une prolongation de quatre jours.

HENRI.

Quelle suscription doit porter l'enveloppe?
On ne doit pas faire mention du nom sur l'enveloppe.

EXEMPLE :

Monsieur le Commandant
du 31ᵉ Bataillon de Chasseurs à pied,
SAINT-DIÉ   (VOSGES.)

Habillement.

A qui appartiennent les effets militaires?
A la Compagnie, ils sont confiés à l'homme qui ne peut ni les prêter ni les vendre.

Que doit faire le Chasseur à qui il manque un effet?
Rendre compte immédiatement à son sergent et rechercher l'effet perdu, l'homme n'est puni que si l'effet a été perdu par sa faute.

Qui nettoie les effets militaires?
Chaque homme est tenu de nettoyer et d'entretenir les effets qui lui sont confiés; ils doivent être constamment propres et raccommodés.

Quels soins particuliers doit-on avoir de sa chaussure?
Conserver le cuir souple et graissé, la tenir propre à l'extérieur comme à l'intérieur.

Quand doit-on changer de linge?
Toutes les fois qu'on rentre mouillé et au moins une fois par semaine.

Le Chasseur peut-il porter d'autres effets que ceux qui lui sont confiés?
Non, à moins qu'il n'y soit autorisé par son Capitaine.

Hygiène.

Que doivent faire les hommes au réveil?
Se laver la tête, la figure, les mains et les

dents, s'essuyer avec leur serviette, jamais avec celle d'un camarade.

Comment porte-t-on les cheveux et la barbe?

Les Chasseurs portent les cheveux ras, la moustache et le fer à cheval.

Doit-on payer le perruquier?

Non, il n'est rien dû au perruquier.

A quel moment faut-il renouveler l'air des chambres?

Au réveil, dès que tout le monde est habillé, on ouvre les fenêtres d'un même côté; pendant la journée, quand les hommes partent à l'exercice, on les ouvre des deux côtés; on les ferme au retour d'un côté, et des deux si les hommes sont en sueur.

Quand et comment porte-t-on la ceinture de flanelle?

En tout temps et elle doit être portée sur la peau.

Doit-on faire son lit au réveil?

Non, on le découvre en ployant au pied du lit les draps et les couvertures.

Qu'est-il particulièrement interdit de faire dans les chambres?

Il est défendu de se coucher sur son lit avec ses chaussures, de placer des effets entre la paillasse et le matelas, de battre des effets dans les chambres et de cracher par terre.

Quelles sont les recommandations importantes faites au sujet des couloirs, escaliers et locaux communs?

Il est absolument défendu de cracher ailleurs que dans les crachoirs.

Pourquoi recommande-t-on de ne pas cracher par terre?

Parce qu'il a été reconnu que beaucoup de maladies se communiquent par les crachats desséchés qui, réduits en poussière, se mélangent à l'air que nous respirons.

Que font au réveil les hommes assez indisposés pour ne pas pouvoir faire leur service?

Ils donnent leur nom au chef de chambrée, puis, à l'heure fixée, ils sont conduits à la visite médicale.

Ceux qui sont légèrement malades sont-ils autorisés à consulter le médecin?

Ils se portent comme consultants.

Que font les hommes reconnus malades?

Ils restent couchés dans leur chambre, ou sont réunis à la salle de réunion des malades, en aucun cas ils ne peuvent sortir en ville.

Qui nettoie la chambre?

Le chef de chambrée commande chaque jour un Chasseur à tour de rôle pour nettoyer la chambre.

Quel est le service de l'homme de chambre?

Il nettoie le plancher, essuie et nettoie le râtelier d'armes, les planches, les bancs, les tables, nettoie les crachoirs et remplit d'eau la cruche.

Hygiène de marche.

Quelles précautions doit-on prendre avant les marches?

Se graisser les pieds, bien graisser et assouplir

ses chaussures, manger un peu, ne jamais partir à jeun.

Que doit-on faire si l'on a une écorchure aux pieds?

Entourer la plaie solidement et sans plis avec un linge propre que l'on graisse extérieurement.

Que fait-on si l'on a une ampoule?

On traverse l'ampoule avec une aiguille et un bout de fil blanc très propres, on laisse ensuite le fil dans l'ampoule, les extrémités du fil dépassant légèrement les bords de celle-ci; graisser l'ampoule et les parties de la chaussure qui la touchent.

Peut-on boire pendant les marches?

Oui, mais très peu à la fois, par petites gorgées et lentement:

Quelles boissons et quelle nourriture faut-il éviter?

Éviter de boire de l'alcool qui excite sans fortifier, le vin et le cidre doux qui donne la diarrhée, manger très peu de fruits s'ils sont mûrs, pas du tout s'ils sont verts.

Que faut-il éviter pendant les haltes?

Éviter de se coucher sur le ventre et au soleil, ne pas s'endormir s'il fait froid et surtout la nuit.

Que doit faire le soldat arrivant mouillé au cantonnement?

Il doit éviter les courants d'air, changer de chemise, mettre sa veste et faire sécher ses effets mouillés.

Quels soins doit-on prendre après une marche?

On doit se laver les pieds, mais jamais à

grande eau, mettre sa chaussure de repos, nettoyer et graisser ses brodequins.

Ordinaire. — Solde.

Qu'est-ce que l'ordinaire?
L'ordinaire est la réunion de tous les Caporaux et Chasseurs d'une compagnie qui mettent en commun leurs ressources pour se nourrir.

Quelles sont les ressources de l'ordinaire?
Chaque homme verse la prime fixe d'alimentation qui est fixée à 0f 245, et de plus la prime de viande et autres indemnités qui peuvent être allouées.

Y a-t-il d'autres versements faits à l'ordinaire?
Oui, la solde des Caporaux et Chasseurs punis de prison et le produit de la vente des os, eaux grasses et débris de pain.

Combien le soldat touche-t-il de viande par jour?
350 grammes de viande fraîche, ou
240 grammes de lard salé, ou
200 grammes de viande de conserve.

Combien de pain?
750 grammes de pain ordinaire, ou
700 grammes de pain biscuité, ou
550 grammes de pain de guerre, ou
620 grammes de pain et
100 grammes de pain de guerre } ration mixte.

Quels sont les avantages faits au cuisinier en pied?
Le cuisinier en pied vit à l'ordinaire et touche

une indemnité qui ne peut dépasser 50 centimes par jour.

Qu'est-ce que le prêt franc?

Le prêt franc comprend la solde et toutes les indemnités que chaque homme verse à l'ordinaire.

Les hommes qui touchent le prêt franc ne font-ils pas un versement à l'ordinaire?

Si, ils versent une indemnité pour le café qu'ils prennent le matin à la Compagnie.

Quels sont les hommes qui touchent le prêt franc?

Ceux qui sont autorisés par le Chef de Corps à vivre en dehors de l'ordinaire.

Qu'est-ce que le boni?

Le boni est l'ensemble des économies réalisées sur l'ordinaire.

A quoi sert le boni?

Il sert à améliorer l'ordinaire, principalement les jours où la troupe fatigue et pendant les tirs de guerre et les grandes manœuvres.

Qui s'occupe de l'ordinaire?

Un lieutenant, le Sergent-major, secondé du Caporal d'ordinaire, et sous la surveillance et la responsabilité du Capitaine.

Quels sont les droits et les devoirs des hommes de corvée à l'ordinaire?

Ils doivent discuter les prix et veiller à la qualité, au poids et au paiement des denrées.

A combien se monte la solde?

La solde se monte à 0ᶠ 05 par jour pour les chasseurs; à 0ᶠ 22 pour les Caporaux.

Quand se touche la solde?

La solde se touche tous les dix jours.

Livrets.

Combien le soldat a-t-il de livrets?
Deux, le livret individuel et le livret matricule.

Qu'est-ce que le livret individuel et à quoi sert-il?
Le livret individuel reste la propriété de l'homme, il sert à marquer tous les renseignements sur son état civil, ses services, sa situation militaire et son instruction générale; son classement au tir; il contient en outre un billet d'hôpital et des indications au sujet des mesures des effets.

Le livret individuel ne sert-il pas à autre chose?
Si, à la libération, le fascicule de mobilisation est fixé à la première page, le livret sert aussi à faire constater les changements de domicile et de résidence.

Doit-on se dessaisir de son livret?
Non, à moins d'en exiger un reçu.

Que doit-on faire si l'on perd son livret?
On doit en faire immédiatement la déclaration à la gendarmerie qui fait délivrer un duplicata.

Qu'est-ce que le livret matricule et à quoi sert-il?
Le livret matricule reste au Corps et suit le réserviste ou territorial au Corps où il est affecté, il mentionne les mêmes renseignements que le livret individuel et en plus les punitions que l'homme a encourues pendant son service, sa façon de servir et son aptitude à faire campagne.

ARMEMENT

Fusil.

Comment s'appelle le fusil?

Le fusil s'appelle le fusil modèle 1886, modifié en 1893.

Quelles sont les différentes parties du fusil?

Les différentes parties du fusil sont :

Le canon et sa boîte de culasse,

La culasse mobile,

Le mécanisme de détente,

Le mécanisme à répétition,

La monture,

Les garnitures et

L'épée-baïonnette.

Qu'y a-t-il sur le canon?

La hausse et le guidon qui servent à viser, le petit et le grand tenon qui servent à fixer la baïonnette.

Que trouve-t-on à l'intérieur du canon?

La chambre qui sert à loger la cartouche, l'âme du canon avec ses quatre rayures.

De quoi se compose la culasse mobile?

La culasse mobile se compose de :

La tête mobile comprenant l'extracteur et le tampon-masque,

Le cylindre avec son levier,
Le chien,
Le ressort à boudin,
Le percuteur et
Le manchon.

Quelles sont les pièces du mécanisme à répétition?
Les pièces du mécanisme à répétition sont :
L'auget,
Le butoir d'auget,
Le levier de manœuvre,
L'arrêt de cartouche,
Le corps du mécanisme et
La vis du mécanisme.

De quoi se compose la monture?
La monture se compose du fût, qui contient le magasin à cartouches, et de la crosse.

Quelles sont les principales garnitures?
Les principales garnitures sont :
L'embouchoir à quillon,
La grenadière,
Le pontet,
La vis de sous-garde,
La vis de culasse,
Le battant de crosse et
La plaque de couche.

De quoi se compose l'épée-baïonnette?
L'épée-baïonnette se compose :
De la lame,
De la monture et
Du fourreau.

Entretien du fusil.

Dans quel ordre doit-on démonter le fusil?
Le démontage du fusil s'opère dans l'ordre suivant :
L'épée-baïonnette,
La bretelle,
La culasse mobile,
La vis postérieure du pontet,
La vis de mécanisme,
Le mécanisme de répétition,
L'embouchoir à quillon,
La grenadière et
Le fût.

Quelles précautions faut-il prendre pour démonter le fût?
On doit repousser la tête du piston à l'intérieur du tube-arrêt avec l'index, incliner en même temps le fût.

N'y a-t-il pas d'autres précautions à prendre pour démonter l'arme?
Si, on doit éviter de frapper sur l'embouchoir et la grenadière avec la lame du tourne-vis.

Quelles sont les pièces qu'il ne faut jamais démonter?
Les pièces du fusil qu'il ne faut jamais démonter sont :
La vis de queue de culasse,
La crosse,
L'extracteur et
Le tampon-masque.

Quand doit-on démonter le mécanisme à répétition?

Seulement sur un ordre, et en présence d'un sous-officier.

Quand faut-il nettoyer le fusil?

Après tout exercice ou tir.

Quels sont les objets employés pour nettoyer le fusil en temps de paix?

Le nécessaire d'escouade, qui comprend une baguette à chiffon et une baguette à écouvillon.

Comment nettoie-t-on le fusil avec le nécessaire d'escouade?

On enlève la culasse mobile, on introduit un chiffon sec dans la fente de la baguette, on l'introduit par la bouche du canon et on imprime un mouvement de va-et-vient, en ayant soin de faire sortir complètement le chiffon à chaque extrémité du canon.

Comment graisse-t-on l'intérieur du canon?

Avec la baguette à chiffon que l'on a enduite de graisse.

Comment nettoie-t-on les pièces bronzées?

On les frotte avec un morceau de drap légèrement gras, jamais avec la brosse.

Quels sont les objets employés pour nettoyer le fusil en campagne?

Des nécessaires d'escouades portés par les voitures à vivres et à bagages, à raison de dix par Compagnie.

Quels ingrédients est-il défendu d'employer pour nettoyer le fusil?

On ne doit employer ni grès ni brique sèche, ni émeri.

Définitions.

Qu'appelle-t-on trajectoire?
On appelle trajectoire la ligne courbe que suit la balle dans l'air.

Qu'appelle-t-on ligne de tir?
C'est l'axe du canon indéfiniment prolongé.

Qu'est-ce que la portée?
La portée est la distance du point de départ de la balle à son point de chute.

Qu'est-ce que la vitesse initiale?
C'est la vitesse de la balle à sa sortie du canon.

Quelle est la portée du fusil?
La portée du fusil est de :
3.400 mètres en tirant la balle D.
3.200 mètres en tirant la balle M.

Quel est le poids du fusil?
4$^{k\text{s}}$ 900 vide, avec l'épée-baïonnette et son fourreau.

Quel est le poids de la cartouche?
Le poids de la cartouche D est de 27^{sr} 6; de la cartouche M, de 29 grammes.

Instruction du tir.

Qu'est-ce que pointer l'arme?
C'est diriger la ligne de mire sur le but.

Qu'est-ce que la ligne de mire?
C'est une ligne droite passant au milieu du cran de la hausse et par le sommet du guidon.

Comment prend-on la ligne de mire?
En plaçant son œil sur le prolongement de la ligne de mire.

Comment pointe-t-on correctement?
En maintenant la ligne de mire sur le pied du but.

Se sert-on toujours du même cran de mire?
Non, il varie avec la distance.

Comment manie-t-on le curseur?
A l'indication de la distance, coucher la planche en avant ou en arrière, saisir les bords du curseur entre le pouce et le premier doigt et l'amener à la distance indiquée, lever la planche si la distance indiquée l'exige.

Pourquoi doit-on coucher la planche pour manier le curseur?
Pour éviter de fausser la planche.

Quelles sont les règles d'emploi de la hausse?
De 0 à 250 mètres, viser par le cran de mire du pied de la planche, planche rabattue en avant;
De 250 à 800 mètres, viser par le cran de mire de l'arrière de la planche, planche rabattue sur son pied, placer le curseur sur le gradin correspondant à la distance indiquée;
De 800 à 2.400 mètres, viser par le cran de mire du curseur, placer le bord supérieur du curseur à hauteur du trait marquant la distance.

Comment fait-on partir le coup sans déranger le pointage?
On appuie d'abord sur la détente jusqu'à ce que l'on sente une légère résistance, puis lors-

que la ligne de mire passe bien par le pied du but, on ferme lentement le doigt sans déranger la main.

Le tireur ne doit pas s'occuper du départ possible du coup, et ce dernier doit partir sans que le tireur s'y attende.

Que faut-il faire pour bien tirer?
Serrer fortement l'arme à l'épaule avec les deux mains, bien faire l'action du dogit sur la détente, prendre la ligne de mire correctement et la diriger sur le pied du but.

Il est de plus essentiel de s'habituer à prendre la ligne de mire le plus rapidement possible pour éviter une trop longue mise en joue et, par suite, la fatigue des bras et de l'œil.

Quelle précaution doit-on prendre dans la position couchée?
Il faut retenir la respiration au moment où l'on juge que le coup va bientôt partir.

Pratique du tir. — Classement.

Récompenses.

Qu'est-ce qu'un tir collectif?
C'est un tir exécuté par plusieurs tireurs sous le commandement d'un même chef.

Quels sont les principes de la discipline du feu dans les tirs collectifs?
Les tireurs doivent :
Porter leur attention sur les commandements,
Bien regarder l'objectif,
Prendre exactement la hausse prescrite,

Ouvrir et cesser le feu instantanément au commandement du chef,

Ne pas brûler une seule cartouche, ni faire usage de la répétition sans ordre.

Comment se fait le classement des tireurs?

Le Capitaine nomme tireurs de 1re classe tous les bons tireurs, les autres sont classés comme tireurs assez bons, médiocres ou mauvais.

Quelles sont les récompenses de tir?

Les récompenses de tir sont :

Les insignes de tir et les permissions.

Quels sont les insignes de tir?

Chaque année, des épinglettes en argent et des cors de chasse brodés sont accordés aux meilleurs tireurs à la suite d'un concours; des cors de chasse en drap sont en outre donnés aux très bons tireurs de la Compagnie.

Pendant combien de temps l'homme porte-t-il les insignes de tir?

Pendant toute sa carrière militaire, pour ceux ayant obtenu une épinglette ou un cor de chasse brodé; jusqu'au classement suivant pour ceux ayant obtenu un cor de chasse en drap.

Le Chasseur qui obtient deux années de suite un cor de chasse brodé, porte-t-il deux cors de chasse?

Non, il reçoit une grenade brodée qui est placée au-dessus du cor de chasse.

Le tir au combat.

Le soldat isolé doit-il tirer?

Il doit tirer le moins possible.

Quand doit-il tirer?

Il doit tirer quand il en a reçu l'ordre ou l'autorisation,

Quand il doit se défendre, ou

Quand il ne peut prévenir autrement de l'approche de l'ennemi.

Quelle précaution le soldat isolé doit-il prendre?

Il doit toujours avoir son arme approvisionnée.

De quelle façon procède-t-il pour tirer?

Il cherche avant tout à voir, puis à s'abriter, enfin à trouver un appui pour son arme.

Est-il permis de tirer sur tous les objectifs que l'on voit?

Non, on ne doit tirer que sur des objectifs que l'on a chance d'atteindre; dans beaucoup de cas, il est préférable de laisser l'ennemi s'approcher à petite distance pour être sûr de ne pas le manquer.

Quels sont les objectifs sur lesquels on peut tirer?

Jusqu'à 400 mètres sur un cavalier ou fantassin isolé; jusqu'à 600 mètres sur un groupe de 4 hommes et plus.

Qu'est-ce que la hausse de combat?

C'est la hausse de 400 mètres.

Pourquoi appelle-t-on cette hausse, la hausse de combat?

Parce qu'elle est tout de suite prise et que entre 0 et 500 mètres, la hauteur de la trajectoire étant inférieure à celle d'un homme debout, la balle atteindra sûrement l'objectif; il est cependant préférable de prendre la hausse exacte, si l'on a eu le temps d'apprécier la distance.

Quelle est la valeur des différentes positions du tireur au combat?

Les tireurs sont moins exposés couchés qu'à genou, et à genou que debout; ils tirent généralement mieux dans la position à genou, et plus vite dans la position debout.

Les tirailleurs doivent-ils utiliser les abris et se servir d'appuis pour l'arme?

Oui, les tirailleurs doivent utiliser tous les abris et chercher à appuyer leur arme.

Quel est le côté de l'abri à utiliser?
On doit occuper le côté droit de l'abri.

Qu'appelle-t-on camarades de combat?
Ce sont les deux hommes d'une même file; ils restent l'un près de l'autre, s'aidant mutuellement.

Comment marchent-ils?
Pour traverser des terrains découverts et sous le feu de l'ennemi, ils doivent marcher espacés; ils se groupent à nouveau derrière un abri ou lorsqu'ils s'arrêtent.

Quand l'un des deux camarades de combat est tué ou blessé, que fait l'autre?
Il lui prend ses cartouches et se joint au groupe voisin.

Que font les tirailleurs dans l'offensive?
Ils se portent en avant quand l'ordre en est donné, en utilisant tous les couverts et abris, ne se préoccupant pas de l'alignement, mais évitent cependant de se placer devant des cama-

rades, ce qui les empêcherait de tirer, et s'écartent le moins possible de la direction de marche.

Que font les tirailleurs dans la défensive?
Ils doivent attendre l'ennemi sans crainte et avec sang-froid; aux petites distances aucune balle ne se perd et au dernier moment la baïonnette est là; battre en retraite serait plus dangereux qu'un assaut de l'ennemi.

Quels sont les devoirs des tirailleurs au combat?
Les tirailleurs doivent éviter de gaspiller leurs munitions, ils ne font usage du feu à répétition que lorsque l'ordre en est donné.

Ils ouvrent et cessent le feu aussitôt que le commandement en est donné, ils doivent répéter les commandements et profiter de tout moment de répit pour réapprovisionner si l'on s'est servi du magasin.

Peut-on quitter le champ de bataille?
Non, sous aucun prétexte, même pas pour ramasser un blessé et le conduire à l'ambulance.

Sur quels militaires ne doit-on pas tirer?
Sur tous ceux qui portent un brassard blanc à croix rouge, lequel est l'insigne des ambulanciers.

Que peut-on prendre à un camarade mort ou blessé?
Ses munitions et au besoin ses vivres; prendre tout autre chose serait un vol.

Comment doit-on se conduire vis-à-vis des prisonniers de guerre?
On doit les traiter comme on voudrait être traité soi-même en pareil cas, ne jamais les maltraiter, à moins qu'ils ne cherchent à s'évader.

Est-il permis d'achever un blessé?
Non, c'est une lâcheté qui du reste est punie de mort.

Quels sont les sentiments qui doivent animer le Chasseur en campagne?
Il doit être convaincu que de sa bravoure et de son énergie dépend la victoire.

Il ne s'agit pas d'avoir des armes, des munitions et des hommes pour vaincre, il faut de plus que ces hommes soient disciplinés, bons tireurs et bons marcheurs pour assurer le succès.

SERVICE DES PLACES

Généralités.

Qu'est-ce que le commandant d'armes?
C'est l'officier le plus élevé en grade de la garnison.

Qu'est-ce que le major de la garnison?
C'est un officier désigné pour aider le commandant d'armes.

Qu'appelle-t-on limites de la garnison?
Ce sont les points autour de la garnison qu'il est défendu de franchir sans permission.

Qu'est-ce que le mot?
Le mot est l'ensemble de deux noms, appelés mot d'ordre et mot de ralliement.

A quoi sert le mot?
Le mot permet aux rondes, patrouilles, troupes en armes de se reconnaître.

Comment choisit-on le mot d'ordre?
On choisit le nom d'un grand homme, d'un général célèbre, d'un brave mort au champ d'honneur.

Comment choisit-on le mot de ralliement?
On choisit le nom d'une bataille, d'une ville, d'une vertu civique ou guerrière.

Quel mot donne-t-on à la sentinelle?
Le mot de ralliement.

Comment reconnaît-on un gradé du service des places?
A la jugulaire qu'il porte au menton.

Que doit-on faire lorsqu'on est en ville et qu'on entend sonner la générale ou la marche du bataillon?
On doit rentrer le plus vite possible au quartier.

Service des sentinelles.

Combien d'heures de faction chaque homme doit-il faire en vingt-quatre heures?
Six au moins, huit au plus.

Comment les sentinelles doivent-elles tenir l'arme?
Toujours dans une position régulière, c'est-à-dire l'arme au pied ou sur l'épaule.

Les sentinelles peuvent-elles quitter leur arme?
Non, jamais.

Quand les sentinelles peuvent-elles entrer dans leur guérite?

Seulement quand le mauvais temps les y oblige, mais elles doivent rester attentives et vigilantes, et en sortir pour rendre les honneurs ou lorsqu'elles entendent quelqu'un s'approcher.

A quoi les sentinelles doivent-elles veiller?

Elles doivent veiller à l'observation rigoureuse de leurs consignes.

A qui une sentinelle peut-elle répéter sa consigne?

Seulement en présence du chef de poste et à la sentinelle qui vient la relever.

Qu'est-il interdit de faire quand on est en sentinelle?

On ne doit ni s'asseoir, ni lire, ni fumer, ni chanter, ni siffler, ni parler aux passants et ne pas s'éloigner à plus de trente pas de sa guérite.

Que fait une sentinelle qui est insultée?

Elle cherche à arrêter l'insulteur et crie : à la garde!

Que fait une sentinelle lorsqu'une personne s'avance vers elle malgré les avertissements?

Elle croise la baïonnette pour empêcher de passer et crie : à la garde.

Que fait une sentinelle qui est frappée?

Elle fait usage de la baïonnette et crie : à la garde!

Comment une sentinelle isolée reconnaît-elle une ronde, une patrouille?

Par le cri de : halte-là!

Si l'on ne s'arrête pas au cri de halte-là, que fait la sentinelle?

Elle crie une deuxième fois : halte-là ! une troisième fois : halte-là ! croise la baïonnette pour empêcher de passer et crie : à la garde !

Si l'on s'arrête au cri de halte-là, que fait la sentinelle?

Elle crie : qui vive ! et s'il lui est répondu France, ronde ou patrouille, elle crie alors : avance au ralliement !

Que doit alors exiger la sentinelle?

Elle doit exiger que le chef s'avance seul et donne le mot.

Si le gradé donne un mot inexact, que fait la sentinelle?

Elle l'empêche de passer en croisant la baïonnette et crie : à la garde !

Comment une sentinelle devant les armes reconnaît-elle une ronde, une patrouille?

De la même façon qu'étant sentinelle isolée, sauf qu'après avoir reçu le mot de ralliement elle prévient le caporal par le cri de : caporal, ronde ! (etc.); ce dernier vient alors reconnaître.

Pour qui la sentinelle devant les armes doit-elle faire sortir le poste?

Pour les drapeaux ou étendards des régiments, pour un officier général, pour un commandant d'armes, même s'il n'est pas officier général, pour les préfets en uniforme.

La sentinelle de la garde de police n'a-t-elle pas une consigne spéciale?

Si, elle doit faire sortir le poste lorsque le chef de corps se présente au quartier.

Alertes des sentinelles.

Combien les sentinelles ont-elles d'alertes?
Trois : le bruit, le feu, les honneurs.

Que fait la sentinelle en cas de bruit ou de dé-sordre?
Elle crie : à la garde!

Que fait la sentinelle en cas d'incendie?
Elle crie : au feu!

Que fait la sentinelle en cas d'honneurs à rendre?
Elle crie : aux armes!

Dans quels cas la sentinelle crie-t-elle encore à la garde?
Toutes les fois qu'elle a besoin du secours du poste.

Commbien y a-t il de manières pour une senti-nelle de rendre les honneurs?
Deux, présenter les armes et l'arme au pied.

Pour qui la sentinelle présente-t-elle l'arme?
Pour tous les officiers,
Pour tous les membres de la Légion d'hon-neur porteurs de leurs décorations,
Pour les drapeaux des régiments,
Pour un enterrement civil ou religieux,
Pour une troupe en armes.

Pour qui la sentinelle rectifie-t-elle la position de l'arme au pied?
Pour les adjudants-chefs, adjudants et assi-milés,

Pour les décorés de la médaille militaire, porteurs de leur décoration.

Comment une sentinelle rend-elle les honneurs?
La sentinelle fait face du même côté que l'ouverture de sa guérite et rend les honneurs six pas avant que la personne ou la troupe soit arrivée à sa hauteur, et six pas après.

Quand se doivent les honneurs?
Du lever au coucher du soleil.

Une sentinelle ne doit-elle pas rendre les honneurs lorsqu'un officier en civil passe à côté d'elle ou avant et après le coucher du soleil?
Non, mais elle doit rectifier la position de l'arme au pied comme marque extérieure de respect.

SERVICE EN CAMPAGNE

SERVICE DE SURETÉ

Qu'est-ce que le service de sûreté en marche ou en station?

C'est un service de surveillance et de garde exercé dans la direction de l'ennemi par une partie de la troupe qui marche ou se repose.

Quel est son but?

Son but est de permettre au gros de la troupe de marcher ou de se reposer sans être continuellement inquiété par des alertes. En cas d'approche de l'ennemi, il doit prévenir la troupe et arrêter l'ennemi assez longtemps pour que les dispositions en vue du combat puissent être prises. Ainsi, il évite les surprises.

Quel nom prennent les fractions attachées à ce service?

Lorsque la troupe se repose, et qu'on est en station, elles forment les avant-postes. Lorsqu'on est en marche, elles prennent différents noms suivant le côté de la troupe où elles veillent.

La fraction qui marche devant, sur la route, est *l'avant-garde.*

Comme on marche le plus souvent dans la direction de l'ennemi, c'est en général la fraction la plus importante du service de sûreté en marche.

Service de sûreté en marche.

Comment une troupe se protège-t-elle pendant la marche?
En avant, par l'avant-garde,
En arrière, par l'arrière-garde,
Sur les côtés, par les flancs-gardes.

De quoi se compose une avant-garde?
D'une suite de groupes de plus en plus faibles, à mesure qu'on s'éloigne de la troupe à couvrir.

Enumérez ces groupes :
La pointe,
La tête,
Le gros.

De quoi est formée la pointe?
D'un petit groupe de cavalerie ou d'infanterie précédé d'éclaireurs.

Quelle est la force d'une avant-garde?
La force d'une avant-garde, ainsi d'ailleurs que celle d'une arrière-garde et d'une flanc-garde, est d'autant plus forte que la troupe à protéger est plus importante.

Quel est le rôle de la tête?
Le rôle de la tête est de renforcer la pointe, soit si l'ennemi apparaît en forces supérieures, soit pour fouiller les abris et couverts trop éloignés.

Éclaireurs.

Quel est le rôle des éclaireurs?
Le rôle des éclaireurs est d'examiner avec attention le terrain en avant et sur les côtés de la route afin de découvrir l'ennemi s'il s'y trouve et de le signaler au chef qui suit.

Comment marchent-ils généralement?
A des distances suffisantes pour pouvoir se prêter secours et éviter une embuscade; à proximité de l'ennemi, ils doivent utiliser tous les abris qu'ils rencontrent.

A quoi sert le groupe qui les suit?
A les renforcer pour fouiller les abris qu'ils rencontrent ou en cas de rencontre de l'ennemi.

Que font les éclaireurs s'ils rencontrent des personnes venant du côté de l'ennemi?
Ils les arrêtent et les conduisent au chef de la pointe.

Que font-ils s'ils rencontrent des obstacles le long de la route?
Ils les dépassent et s'arrêtent pour observer.

Que font les éclaireurs en arrivant au haut d'une montée?
Ils examinent rapidement la partie descendante tout en restant abrités, et se remettent en marche si l'ennemi n'est pas en vue.

Sur quoi les éclaireurs portent-ils surtout leur attention?
Sur les chemins, sur les hauteurs, sur les lisières des bois, sur les fermes et sur les abords des villages.

Que font les éclaireurs s'ils rencontrent un défilé?

Ils le traversent rapidement et s'embusquent de l'autre côté pour observer.

Que font les éclaireurs en arrivant à un pont?

Ils examinent le dessous pour s'assurer qu'il n'existe aucun travail de destruction.

Que font les éclaireurs à proximité d'habitations?

Ils cherchent à s'emparer d'un habitant qu'ils conduisent au chef de la pointe.

Que font les éclaireurs en apercevant l'ennemi?

Ils se dissimulent à sa vue tout en continuant à observer, ils deviennent alors de véritables sentinelles.

Hommes de communication.

Comment sont reliées les différentes fractions?
Par les hommes de communication.

Quel est leur rôle?
Transmettre et communiquer les ordres et renseignements venus de l'avant ou de l'arrière et s'assurer que la troupe qui suit marche dans la bonne direction.

Que fait l'homme de communication qui s'aperçoit que la troupe qui le suit n'est plus en vue?

Il prévient aussitôt la troupe qui est en avant et va voir ce qu'est devenue la troupe qui est en arrière.

Que fait l'homme de communication à un tournant de rue?

Il s'arrête jusqu'à ce que la fraction qui suit

ait bien vu la bonne direction; il reprend ensuite sa distance.

Arrière-garde et flanc-garde.

Quel est le rôle de l'arrière-garde?
Le rôle de l'arrière-garde est de protéger l'arrière de la troupe contre toute surprise.

N'y a-t-il pas plusieurs sortes de flancs-gardes?
Si, il y en a de deux sortes :
Les flancs-gardes fixes et
Les flancs-gardes mobiles.

Qu'entend-on par flanc-garde fixe?
On entend par flanc-garde fixe une troupe placée à un point où elle reste pendant tout le passage de la colonne qu'elle est chargée de protéger.

Qu'entend-on par flanc-garde mobile?
On entend par flanc-garde mobile une troupe suivant la même direction que la colonne qu'elle protège, et marchant à une certaine distance sur son flanc.

SERVICE DE SURETÉ EN STATION

Comment une troupe se protège-t-elle en station?
Au moyen des avant-postes.

Que comprend généralement un réseau d'avant-postes?
Une suite de groupes de plus en plus forts à mesure qu'on avance vers la troupe à couvrir.

Quels sont ces groupes?
Des sentinelles,
Des petits postes,
Des grand'gardes et
Une réserve.

Comment place-t-on les sentinelles?
On les place de manière à bien voir dans la direction de l'ennemi sans être vues, et à pouvoir communiquer facilement avec le petit poste.

Combien d'hommes comprend un groupe de sentinelles?
Chaque groupe de sentinelles comprend deux hommes; l'un des deux hommes est sentinelle fixe, l'autre est sentinelle mobile.

Comment sont relevées les sentinelles?
Les deux hommes ne sont jamais relevés en même temps.

Devoirs des sentinelles.

Que doit connaître une sentinelle quand on la place?
En avant : la direction de l'ennemi,
Le secteur à surveiller,
Les noms des villages, bois, rivières et leur distance.
En arrière : L'emplacement du petit poste,
Le chemin à suivre pour le rallier.
Sur les côtés : L'emplacement des sentinelles de droite et de gauche,
Le mot de ralliement et les signaux.

Comment sont numérotées les sentinelles, les petits postes, les grand'gardes?
De la droite à la gauche.

Quels sont les devoirs généraux des sentinelles?
Elles doivent :
Surveiller avec soin le terrain,
Se dissimuler autant que possible,
Ne pas rendre d'honneurs,
Être toujours attentives.
Ne pas s'envelopper la tête, et
Signaler tout ce qu'elles voient.

Comment signalent-elles de jour tout ce qu'elles voient?
Au moyen de signaux faits à la sentinelle devant les armes.

Et la nuit?
Un des deux hommes va prévenir le chef du petit poste, l'autre continue à observer.

Que doit faire la sentinelle quand elle sait qu'elle a des sentinelles à sa droite ou à sa gauche?
La sentinelle mobile se relie avec elles.

Comment?
Si elle ne voit pas la sentinelle voisine, elle va la reconnaître, en se dissimulant le plus possible et sans toutefois s'éloigner de la vue de son camarade.

Comment, la nuit, une sentinelle peut-elle reconnaître l'approche d'une troupe même assez éloignée?
En mettant souvent l'oreille contre terre.

Une sentinelle peut-elle communiquer ses consignes?
Oui, mais seulement à son chef et à la sentinelle qui vient la relever.

Que fait-elle en rentrant au petit poste?
Elle rend compte de tout ce qu'elle a vu.

Quelles personnes la sentinelle laisse-t-elle passer de jour?
Elle ne laisse passer que les officiers et la troupe appartenant au service des avants-postes, ou les personnes accompagnées d'un gradé de la Compagnie, elle arrête toute autre personne qui veut entrer dans la ligne des sentinelles ou en sortir.

Que laisse-t-elle passer la nuit?
Elle ne laisse passer que les rondes, patrouilles et troupes qu'elle a reconnues.

La nuit, que fait une sentinelle pour arrêter quelqu'un?
Elle crie : halte-là! répète ce cri une deuxième fois et fait feu si l'on ne s'arrête pas.

Que fait la sentinelle si l'on continue à avancer sur elle?
Elle se replie en combattant et en donnant l'alarme.

Si l'on s'arrête, que fait-elle?
Elle crie : qui vive! puis : avance au ralliement.

Si le mot n'est pas donné ou est inexact, que fait la sentinelle?
Elle fait feu et s'embusque.

Qu'appelle-t-on signaux de reconnaissance?

Des signaux qui évitent tout bruit sur la ligne des sentinelles; la sentinelle fait la première le signal convenu, il lui est répondu par un autre, le mot de ralliement est ensuite donné à voix basse.

Comment une sentinelle doit-elle avoir son arme?

Toujours prête à faire feu, la nuit elle met baïonnette au canon.

Que fait une sentinelle en apercevant une troupe ennemie?

Elle ne tire pas et se cache; l'un des deux hommes prévient le chef du petit poste, l'autre continue à observer.

Une sentinelle doit-elle tirer?

Elle ne doit tirer que pour se défendre ou lorsqu'elle ne peut prévenir autrement le petit poste de l'approche de l'ennemi.

Que fait la sentinelle qui a arrêté un ou plusieurs déserteurs?

Elle leur fait signe de déposer leurs armes et de s'en éloigner, de descendre de cheval et de dessangler les chevaux, et prévient le chef du petit poste; si les déserteurs n'obéissent pas elle fait feu.

Comment reconnaît-on un parlementaire?

Il est accompagné d'un homme porteur d'un fanion blanc et d'un homme sonnant du clairon ou de la trompette.

Que fait la sentinelle qui a arrêté un parlementaire?

Elle lui fait faire demi-tour ainsi qu'aux hom-

mes qui l'accompagnent et ne leur parle jamais.
Elle prévient ensuite le chef du petit poste.

*Comment se replie une sentinelle qui est forcée
de rejoindre le petit poste?*
Elle doit se replier à droite ou à gauche du
petit poste pour lui permettre de tirer et pour
éviter d'indiquer son emplacement à l'ennemi.

*Quels sont les devoirs de la sentinelle devant les
armes?*
Elle a l'œil fixé sur les sentinelles, répète les
signaux pour montrer qu'elle les a vus et prévient le chef du petit poste.

Patrouilles.

Qu'est-ce qu'une patrouille?
C'est un groupe de quelques hommes commandés par un caporal, un sous-officier ou un
officier.

Quelle est la mission d'une patrouille?
Aller en général reconnaître une zone indiquée de terrain, en observant spécialement les
couverts, hameaux, bois, ravins, etc., pour y
constater la présence ou l'absence de l'ennemi,
donner des renseignements sur sa force, ses mou-
vements, etc.

Une patrouille a-t-elle à combattre en général?
Sa mission n'est pas de combattre, mais de
renseigner. Il y a cependant des cas où le bruit
de son combat sera le moyen le plus rapide de
renseigner. En outre, une patrouille peut rece-
voir la mission spéciale de retarder, de har-

celer l'ennemi en marche, elle peut aussi avoir à se défendre.

Quand les emploie-t-on?

On les emploie aux avant-postes pour aller reconnaître en avant le terrain que les sentinelles ne peuvent pas voir de leurs emplacements. On les emploie aussi dans le service de sûreté en marche pour reconnaître à droite et à gauche de la route les couverts trop éloignés pour être fouillés par les éclaireurs. On les remplace toutes les fois qu'on le peut par des éclaireurs montés fournis au bataillon par un régiment de cavalerie, et qui souvent peuvent accomplir leur tâche plus vite et avec moins de fatigue.

Comment marche une patrouille?

Pour une patrouille de 3 ou 4 hommes, ceux-ci sont égaillés autour du chef de patrouille, qui est le guide. Ils doivent être aussi éloignés l'un de l'autre que le terrain le leur permet, sans perdre la direction de leur chef. Ils doivent aussi pouvoir se soutenir l'un l'autre à coups de fusil.

La distance entre eux, en plaine découverte, ne doit pas dépasser 250 mètres. En terrain couvert, sous bois, dans les villages, elle diminue naturellement beaucoup.

A quelle distance peut aller une patrouille?

Cela dépend de sa force; à proximité de l'ennemi, une patrouille de 3 ou 4 hommes, la nuit, ne peut guère s'aventurer à plus de 1.000 mètres des sentinelles.

Que font les patrouilleurs qui aperçoivent une patrouille ennemie?

Ils se dissimulent, l'observent, la suivent si elle se retire, ou cherchent à la prendre dans une embuscade, suivant les indications du chef de patrouille.

Que font les patrouilleurs en apercevant l'ennemi?

Ils se dissimulent et l'observent. L'un d'eux va prévenir le chef qui les a envoyés.

Comment s'assure-t-on la nuit que le service est bien fait sur la ligne des sentinelles?

Au moyen de rondes.

Cantonnement. — Camps. — Bivouacs.

Quand dit-on qu'une troupe est cantonnée?

Quand elle est installée sous des toits dans des locaux habités.

Quand dit-on qu'une troupe est campée?

Quand elle est installée sous des tentes ou sous des baraquements.

Quand dit-on qu'une troupe est bivouaquée?

Quand elle est installée en plein air ou sous des abris improvisés.

Comment les hommes reconnaissent-ils au cantonnement le logement qui leur est affecté?

Le numéro du Corps, de la Compagnie, de la Section ou de l'Escouade est inscrit à la craie sur la porte par le fourrier.

Combien y a-t-il de sortes de cantonnements?
Deux, le cantonnement d'alerte et le cantonnement ordinaire.

Qu'entend-on par cantonnement d'alerte?
On entend par cantonnement d'alerte un cantonnement à proximité de l'ennemi : on n'occupe que les rez-de-chaussée des maisons et on éclaire les locaux; les hommes restent chaussés et équipés, prêts à prendre les armes.

Qu'entend-on par cantonnement ordinaire?
On entend par cantonnement ordinaire un cantonnement occupé loin de l'ennemi; on peut alors utiliser toutes les parties des maisons, se déséquiper et se déchausser.

Que doit connaître l'homme dans le cantonnement?
Le lieu de rassemblement de la Compagnie et le logement du Capitaine.

Que doivent faire les hommes en arrivant au cantonnement?
Ils doivent se nettoyer, nettoyer leurs armes, leurs chaussures, leurs effets, prendre la tenue prescrite et ne pas sortir de leur cantonnement avant la soupe du soir.

Que doit-on faire quand on a mangé la soupe?
Nettoyer le campement, refaire son sac, prendre la tenue prescrite.

Les hommes peuvent-ils stationner dans les cabarets?
Non, ils ne peuvent y stationner qu'après la soupe du soir.

Qu'est-il particulièrement interdit de faire dans les logements où il y a de la paille ou du foin?

Il est défendu d'y fumer et d'y avoir de la lumière non placée dans une lanterne.

Peut-on sortir du cantonnement?

Non, il est interdit d'en sortir sans autorisation.

Que doit-on faire en cas d'alerte au cantonnement?

S'équiper, prendre les armes et se rendre au lieu de rassemblement de la Compagnie.

Quel est le signal d'alerte?

La générale, ou des coups de sifflets prolongés.

Qui garde le cantonnement contre toute surprise?

Les sentinelles aux issues, complétées au besoin par des petits postes et des patrouilles.

Quelles sont les consignes des sentinelles aux issues?

Empêcher les habitants de sortir de la localité ou d'y rentrer; la nuit, reconnaître avec soin les estafettes ou vélocipédistes venant de l'extérieur; les diriger ensuite sur le poste de police.

La nuit, en cas de doute, ou à l'approche d'une troupe, appeler aux armes la fraction la plus voisine.

Qui fournit les sentinelles aux issues?

Les fractions qui occupent les dernières maisons du village.

Comment doit-on se conduire envers les habitants?

On doit être poli à leur égard et respecter leur propriété.

Que font au bivouac les hommes qui ont un besoin à satisfaire?

Ils doivent aller aux feuillées qui ont été faites pour cet usage, il leur est défendu d'aller ailleurs.

DISCIPLINE DE MARCHE

Peut-on quitter la colonne pendant la marche?
Non, chacun doit marcher à sa place.

Que fait-on si l'on a un besoin pressant à satisfaire?
On demande l'autorisation de s'arrêter au chef de section, on donne son fusil à son camarade, et l'on s'empresse de rejoindre sa place le plus tôt possible.

Peut-on entrer dans les maisons pendant les haltes?
Non, sous aucun prétexte.

Comment marche une troupe?
Habituellement sur le côté droit de la route en laissant le côté gauche libre.

Qu'est-il particulièrement défendu de faire pendant les marches?
Il est défendu de chanter des chansons obscènes, de chanter pendant la traversée des villages et d'interpeller en aucune façon les passants : chacun doit marcher à sa place et en ordre.

Quand fait-on ordinairement les haltes?
Toutes les cinquante minutes, et le repos dure

dix minutes, mais en cas de besoin on peut marcher beaucoup plus longtemps.

Quelles précautions doit-on prendre pendant les marches de nuit?

Il est expressément défendu de fumer et de causer, le campement et tous les objets qui peuvent faire du bruit sont fixés solidement, et on marche de préférence sur les bas-côtés de la route.

Quelles précautions doit-on prendre pendant les marches par les chaleurs?

Éviter de se coucher au soleil et sur le ventre, boire le moins possible, ne pas boire d'alcool; lorsque l'ordre en est donné ou peut ouvrir la capote, enlever la cravate, mettre le couvre-nuque et ouvrir les rangs.

Quelles précautions doit-on prendre pendant les marches par le froid?

Éviter de rester immobile et de s'endormir pendant les haltes.

LA COMPAGNIE EN CAMPAGNE

Comment est organisée la Compagnie sur le pied de guerre?

La Compagnie comprend quatre sections; chaque section : deux demi-sections; chaque demi-section : deux escouades.

Comment sont numérotées les escouades?
De 1 à 16.

— *Quels sont les effets que porte sur lui le Chasseur en campagne?*
Ses brodequins de guerre, une ceinture de flanelle, une chemise, sa plaque d'identité, un pantalon, une paire de bretelles, une capote, le paquet de pansement dans la poche intérieure de la capote, sa meilleure cravate, un képi.

Quels sont les différents effets et objets que supportent les épaules et les reins?
L'étui-musette, le bidon, le ceinturon qui supporte trois cartouchières, le porte-épée et l'épée-baïonnette, les bretelles de suspension, le havresac et le fusil.

Que contient l'étui-musette?
Le pain, le quart et la cuiller.

Que contiennent les cartouchières?
120 cartouches en paquets.

Combien y a-t-il de jeux de brosses et de boîtes à graisse par escouade?
Il y a 2 jeux de brosses; 2 boîtes à graisse.

VIVRES DU SAC

Quels sont les vivres qu'emporte le Chasseur en campagne?
Les vivres de réserve ou vivres du sac; les

vivres de chemin de fer ou de trajet et les vivres de débarquement.

Qui transporte les deux jours de vivres de réserve en campagne?
L'homme en porte 1 jour dans son havresac, l'autre jour est porté par la voiture à vivres de la compagnie.

Qui transporte les vivres de débarquement?
Ils sont transportés par des voitures de corvée ou de réquisition.

Que comprennent les vivres de réserve?
Ils comprennent : 2 jours de pain de guerre; 2 jours de viande de conserve; 2 jours de potage; 2 jours de sucre et café.

Le chasseur peut-il toucher à ses vivres de réserve?
Non, il ne peut les utiliser que sur l'ordre de ses chefs.

Que comprennent les vivres de chemin de fer ou de trajet?
1 jour de pain, 1 jour de viande, plus 1 repas fourni par l'ordinaire.

Que comprennent les vivres de débarquement?
2 jours de pain et 2 jours de petits vivres.

Qu'entend-on par deux jours de petits vivres?
On entend : 2 jours de sucre; 2 jours de café; 2 jours de riz ou de haricots.

A quoi servent les vivres de réserve?
A nourrir les hommes lorsque, pour une cause

où pour une autre, le réapprovisionnement en vivres n'a pu s'opérer.

A quoi servent les vivres de chemin de fer ou de trajet?
A nourrir les hommes pendant le transport en chemin de fer ou le trajet à pied.

A quoi servent les vivres de débarquement?
A nourrir les hommes quand ils sont débarqués de chemin de fer, où pendant les premiers jours qui suivent le trajet à pied.

Taux des rations.

Combien y a-t-il de sortes de rations?
Trois : la ration forte, la ration normale et la ration de vivres de réserve.

Quand emploie-t-on la ration forte ou la ration normale?
La ration forte est employée quand les troupes marchent, combattent, fatiguent; la ration normale, quand les troupes stationnent ou n'éprouvent pas de grandes fatigues.

Quel est le taux de la ration forte?
Le pain ordinaire est à 750 grammes par jour, ou pain biscuité, à 700 grammes par jour; ou pain de guerre, à 600 grammes par jour;
La viande fraîche, à 500 grammes par jour, ou viande de conserve, à 300 grammes;
Le potage, à 50 grammes par jour;
Le sel, à 20 grammes par jour;
Le sucre, à 32 grammes par jour;

Le café, à 24 grammes par jour;

Le riz, à 100 grammes par jour, ou haricots, à 100 grammes par jour.

Quel est le taux de la ration normale?

Le pain ordinaire, à 750 grammes par jour, ou pain biscuité, à 700 grammes par jour, ou pain de guerre, à 600 grammes par jour;

La viande fraîche, à 400 grammes par jour, ou viande de conserve à 200 grammes par jour;

Le potage, à 50 grammes par jour;

Le sel, à 20 grammes par jour;

Le sucre, à 21 grammes par jour;

Le café, à 16 grammes par jour;

Le riz, à 60 grammes par jour, ou haricots, à 60 grammes par jour.

Quel est le taux de la ration de vivres de réserve?

Le pain de guerre, à 300 grammes;

La viande de conserve, à 300 grammes;

Le potage, à 50 grammes;

Le sucre, à 80 grammes;

Le café, à 36 grammes par jour.

Paquet de pansement individuel
et plaque d'identité.

Qu'est-ce que le paquet de pansement individuel?

C'est un petit paquet qui est porté dans la poche intérieure de la capote et qui permet au Chasseur de se donner les premiers soins s'il vient à être blessé.

Qu'y a-t-il sur le paquet de pansement?
Il y a la façon d'ouvrir le paquet de pansement et la manière de s'en servir.

Que contient le paquet de pansement?
De l'étoupe, une compresse en gaze, une
bande de coton fin, deux épingles de sûreté.

Comment se sert-on du paquet de pansement?
On place la compresse sur la plaie, puis l'é-
toupe, on maintient ensuite le tout avec la bande
et les épingles.

Qu'est-ce que la plaque d'identité?
C'est une petite plaque métallique suspendue
au cou de l'homme et permettant de le reconnaître, s'il vient à être tué ou grièvement blessé.

*Quelles sont les inscriptions que porte la plaque
d'identité?*
Sur un côté le nom, le prénom et la classe
de l'homme, de l'autre côté la subdivision de
région et le numéro matricule du recrutement.

*Les inscriptions ne sont-elles pas différentes
pour les engagés volontaires?*
Si, l'année de la classe est remplacée par celle
dans laquelle l'engagement a été contracté, précédée des lettres E. V.

TRAVAUX DE CAMPAGNE

Qu'appelle-t-on travaux de campagne?
Les travaux de campagne sont des ouvrages

de protection qui ont pour but de se couvrir contre les coups, là où on se trouve, et le plus rapidement possible. Ils sont faits soit en terre, soit avec les matériaux à sa portée.

Combien y a-t-il de sortes de tranchées?
La tranchée ébauchée;
La tranchée pour tireur assis; pour tireur à genou; pour tireur debout.

Comment s'opère la construction d'une tranchée ébauchée?
Les deux camarades de combat s'aident mutuellement et cherchent à obtenir rapidement un masque les abritant des vues de l'ennemi; l'un des deux camarades travaille pendant que l'autre le protège par son feu.

Avec quoi sont faites les tranchées?
Avec les outils portatifs et les outils de parc.

Combien faut-il d'épaisseur de terre pour protéger contre les balles de fusil?
De 70 à 80 centimètres, suivant la nature de la terre.

Et contre les éclats d'obus et les balles qu'ils contiennent?
Il en faut beaucoup moins, ces derniers ayant peu de pénétration après l'éclatement de l'obus.
Un sac chargé n'est pas traversé par un de ces éclats ou par ces balles.

Outils.

Où se trouvent les outils portatifs?
Les outils portatifs sont portés par les hommes.

Que comprennent les outils portatifs (1)?
Les outils portatifs comprennent, par compagnie sur le pied de guerre :
  80 pelles-bêches (5 par escouade);
  80 pelles-pioches Seurre (5 par escouade);
  8 haches à main (2 par section);
  12 serpes (3 par section);
  4 cisailles (1 par section);
  1 scie articulée.

Où se trouvent les outils de parc?
Ils sont portés par des voitures de réquisition.

Que comprennent les outils de parc?
Des outils de terrassier : pelles et pioches;
Des outils de destruction : haches, serpes, scies, pinces, et des outils d'ouvriers d'art.

Allocations et remplacement
des munitions.
Voitures de la Compagnie.

Combien l'homme emporte-t-il de cartouches en campagne?
Chaque homme emporte, dans ses cartouchières, 120 cartouches (15 paquets).

N'a-t-il pas d'autres cartouches à sa disposition?
Si, la voiture à munitions de Compagnie en transporte 160 par homme environ suivant l'effectif de la compagnie;

---

(1) Toutes les unités ne sont encore pas munies de cet assortiment d'outils portatifs.

Le 1ᵉʳ échelon de sections de munitions, de parc, 44 par homme (corps d'armée, train de combat);

Le 2ᵉ échelon de sections de munitions, de parc, 66 par homme.

Ainsi, dans une bataille, on pourrait facilement disposer de 300 cartouches environ par homme le premier jour.

Comment s'opère le remplacement des munitions?

Des hommes pris dans les unités en réserve apportent les cartouches sur la ligne de feu; ils se servent à cet effet de bissacs pris à la voiture de compagnie.

Les sections de munitions se réapprovisionnent au parc de corps d'armée.

Après le combat, tous les approvisionnements sont reconstitués.

Qu'entend-on par voitures de Compagnie?

Les voitures de compagnie sont des voitures affectées à chaque compagnie.
Elles comprennent :
1° 1 voiture à munitions;
2° 1 voiture à vivres et à bagages;
3° 1 cuisine roulante.

A quoi sert la voiture à munitions?

A transporter des cartouches destinées à la Compagnie. Elle porte, en outre, 24 bissacs pour le ravitaillement en munitions sur le champ de bataille.

A quoi sert la voiture à vivres et à bagages?

A transporter un jour de vivres de réserve, officiers et troupe. Les vivres de réserve des officiers et sous-officiers ne portant pas le sac, les bagages, les ballots des tailleurs et cordonniers, la comptabilité de la Compagnie. Elle peut, en outre, servir à l'allégement partiel ou total de la troupe (en particulier en transportant les vestes).

A quoi sert la cuisine roulante?

A préparer la cuisson du repas de la troupe pendant la marche ou le combat.

Voitures du bataillon.

Comment sont réparties les voitures du bataillon?

Elles forment le train de combat du bataillon et le train régimentaire.

Qu'est-ce que le train de combat du bataillon?

Ce sont les voitures dont le bataillon peut avoir besoin en tout temps, même au combat et qui l'accompagnent partout.

Que comprend le train de combat?

1 petite voiture pour blessés,

1 voiture légère d'outils,

1 voiture médicale et 1 voiture à viande par bataillon (cette dernière contient la viande qui sera distribuée à l'arrivée à l'étape),

1 voiture à munitions par compagnie,

1 voiture à vivres et à bagages par compagnie,

1 cuisine roulante par compagnie, plus 1 voiture à vivres et à bagages pour l'état-major du bataillon.

Qu'est-ce que le train régimentaire?

Le train régimentaire est l'ensemble des voitures à vivres du bataillon; les voitures portent deux jours de vivres pour chacun des militaires du bataillon (viandes de conserve, pain biscuité et légumes secs). Il est sous les ordres de l'officier d'approvisionnement.

Loin de l'ennemi, les voitures marchent avec le bataillon et assurent les distributions à l'arrivée au cantonnement.

Près de l'ennemi, et les jours de combat, elles se tiennent loin de la troupe. Si elles ne peuvent assurer les distributions, on vit sur le pays où avec les vivres du sac.

Transport en chemin de fer.

Comment, à la mobilisation, les troupes sont-elles transportées sur les lieux de concentration?

Par voie ferrée, dans des wagons à voyageurs ou des wagons à marchandises aménagés.

Qu'est-il particulièrement défendu de faire pendant le trajet?

Il est défendu de chanter, de crier, de passer la tête et les bras par les portières, de jeter des objets sur la voie et de descendre avant la sonnerie.

Après quelle sonnerie peut-on descendre?
Après la sonnerie de halte !

A quelle sonnerie peut-on remonter?
A la sonnerie de : En avant !

Quelle est la sonnerie qui indique l'arrivée?

La sonnerie de garde à vous, précédée de celle du corps.

Que doivent faire les chasseurs avant de descendre?

Ils doivent rectifier leur tenue et s'assurer qu'ils n'ont rien perdu.

Comment doivent-ils descendre?

En tenant le fourreau de la baïonnette dans une main pour ne pas l'accrocher.

Quelles précautions doit-on prendre dans les embarquements en chemin de fer?

On ne doit pas appuyer son arme contre les wagons, on doit de plus connaître le numéro du wagon dans lequel on monte; le plus grand silence doit être observé dans les embarquements et débarquements.

Recrutement.

Pendant combien de temps doit-on le service militaire?

Pendant 28 ans.

Comment se divisent ces 28 années de service?

3 ans dans l'armée active;

11 ans dans la réserve de l'armée active;

7 ans dans l'armée territoriale;

7 ans dans la réserve de l'armée territoriale.

A quoi sont astreints les réservistes et territoriaux?

En temps de paix, les réservistes doivent

accomplir deux périodes d'instruction ; l'une de 23 jours, l'autre de 17 jours. Les territoriaux, une période de 9 jours. En temps de guerre, ils sont rappelés sous les drapeaux.

Comment sont convoqués les réservistes et territoriaux?
Au moyen d'ordres d'appel individuels qui leur parviennent par la poste.

Quelles sont les formalités à remplir pour faire un changement de domicile ou de résidence?
On doit faire viser son livret individuel, dans le délai d'un mois, par la gendarmerie de l'endroit où l'on va fixer sa résidence ou son domicile.

Doit-on se dessaisir de son livret?
Non, toutes les fois qu'on doit s'en dessaisir, il faut en exiger un reçu.

Que fait-on si l'on perd son livret?
On en fait immédiatement la déclaration à la gendarmerie.

Organisation de l'armée.

Comment la France et l'Algérie sont-elles divisées au point de vue militaire?
En 21 régions de corps d'armée.

Que comprend généralement un corps d'armée?
Chaque corps d'armée comprend :
2 divisions d'infanterie ou 8 régiments,
30 batteries d'artillerie, soit 120 pièces,
1 régiment de cavalerie,

1 bataillon de chasseurs à pied,
1 bataillon de génie,
1 escadron du train des équipages,
1 section de secrétaires d'état-major,
1 section de commis et ouvriers d'administration,
1 section d'infirmiers.

La composition d'un corps d'armée est-elle fixe?
Non, selon les besoins et les intérêts de la
défense nationale un corps d'armée peut être
renforcé de plusieurs brigades de différentes
armes.

Que comprend l'infanterie?
L'infanterie comprend :
173 régiments d'infanterie,
 31 bataillons de chasseurs à pied,
  4 régiments de zouaves,
 12 régiments de tirailleurs algériens,
  2 régiments de légion étrangère,
  5 bataillons d'infanterie légère d'Afrique,
  1 régiment de sapeurs-pompiers de Paris,
  1 compagnie de tirailleurs sahariens,
  3 compagnies sahariennes.

Que comprend la cavalerie?
La cavalerie, répartie en trois subdivisions,
comprend en tout 89 régiments.
Cavalerie de ligne : 32 régiments de dragons.
Cavalerie de réserve : 12 régiments de cuiras-
siers.
Cavalerie légère :
21 régiments de chasseurs à cheval,
14 régiments de hussards,
 6 régiments de chasseurs d'Afrique,

4 régiments de spahis,
8 compagnies de cavalerie de remonte,
2 escadrons de spahis sénégalais,
1 escadron de spahis sahariens.

Que comprend l'artillerie?
L'artillerie comprend :
62 régiments d'artillerie de compagne,
11 régiments d'artillerie à pied.
2 régiments d'artillerie de montagne,
7 groupes d'artillerie stationnés en Algérie et Tunisie.

N'y a-t-il pas d'autres troupes spéciales?
Si, il y a encore :
7 régiments de génie, dont un de chemins de fer,
21 escadrons du train des équipages militaires,
27 légions de gendarmerie,
21 sections de secrétaires d'état-major,
25 sections de commis et ouvriers d'administration,
25 sections d'infirmiers.
Des troupes coloniales comprenant :
12 régiments d'infanterie,
3 régiments d'artillerie, plus un corps d'infanterie indigène, comprenant des tirailleurs annamites, tonkinois, sénégalais.

Quel est le principal rôle des troupes coloniales?
De défendre les colonies que nous possédons.

Que comprend en principe une brigade?
Deux régiments.

Que comprend une division?
Deux brigades, c'est-à-dire quatre régiments.

*Y a-t-il des troupes autres que celles de l'ar-
mée active?*

Il y a encore des régiments et bataillons de
réserve et de territoriale.

Mobilisation.

Qu'est-ce que la mobilisation?
La mobilisation est le passage de l'armée du
pied de paix au pied de guerre.

Comment est-elle annoncée?
Par voie d'affiches et de publications sur la
voie publique.

Qu'entend-on par troupes de couverture?
Ce sont des troupes désignées à l'avance « bataillons de chasseurs à pied » qui, aussitôt la
déclaration de guerre, sont portées à la frontière.

Quelle est leur mission?
Résister le plus longtemps possible pour permettre à la mobilisation de s'opérer normale-
ment et protéger la concentration des troupes.

Qu'est-ce que le premier échelon?
Le premier échelon est la fraction de la compagnie qui, aussitôt l'ordre de mobilisation reçu,
est prêt à partir dans un délai très court, « six
heures au plus ».

Que comprend-il?
Toute la compagnie à l'effectif de paix, moins
quelques gradés et quelques hommes qui restent pour l'armement et l'habillement des réservistes.

Comment est-il constitué?
En 16 escouades.

Qu'est-ce que le deuxième échelon?
Le deuxième échelon est le reste de la compagnie qui rejoint le 1er échelon après un ou deux jours.

Que comprend-il?
Il comprend les hommes et gradés qui étaient restés et les réservistes.

Comment est-il constitué?
En 16 escouades.

Quel est l'effectif de la Compagnie après la réunion des deux échelons?
La compagnie est à l'effectif de 250 hommes.

Qu'indiquent les affiches qui annoncent la mobilisation?
Elles indiquent le premier jour de la mobilisation.

Comment sont décomptés les jours?
De minuit à minuit.

Fascicules de mobilisation.

Comment les réservistes et territoriaux connaissent-ils leurs devoirs à la mobilisation?
A l'aide du fascicule de mobilisation contenu dans leur livret individuel.

Qu'indique le fascicule de mobilisation?
Il indique l'heure, le jour et l'endroit où

l'homme doit rejoindre son corps, ainsi que la gare où il doit embarquer et débarquer.

De quelle couleur sont les fascicules?
Rose pour les hommes qui doivent voyager par chemin de fer, vert pour ceux qui doivent voyager à pied.

GUERRE DE 1870

En 1870, la guerre éclata entre la France et la Prusse, au mois de juillet. Bismarck, ministre prussien, désirait vivement cette guerre pour achever de fonder, sous la direction de la Prusse, l'Empire d'Allemagne, encore à peine ébauché à cette époque. Il comptait sur une campagne victorieuse contre la France, l'ennemie « séculaire » des Allemands, pour unir définitivement ceux-ci dans un seul État ; il avait fait tout ce qu'il fallait pour rendre cette guerre inévitable, et pris toutes les dispositions politiques et militaires pour un succès certain. La Prusse, gouvernée par le roi Guillaume Ier, avait une organisation militaire de premier ordre. Le général de Moltke, chef d'État-major, qui préparait l'armée prussienne depuis plusieurs années en vue de cette guerre, assistait le Roi dans la conduite des opérations. Toute l'Allemagne se joignit à la Prusse contre nous. Nous n'étions, au contraire, nullement préparés à cette campagne ; le gouvernement de Napoléon III, alors empereur des Français, s'était depuis vingt ans laissé attirer par des expéditions lointaines ou extérieures, n'intéressant pas directement le sort du pays ; mais il n'avait pas su donner à la France une organisation et un commandement militaires capables de lui permettre de lutter contre son dangereux voisin. Le ministre de la Guerre était alors le maréchal Lebœuf. Ce qui devait arriver fatalement arriva alors : nous fûmes vaincus.

Le disséminement de nos troupes et l'infériorité numérique nous firent perdre les batailles de *Wissembourg* et de *Frœschviller* (ou Reichshoffen), en Alsace (maréchal de Mac-Mahon), le 6 août; et, le même jour, la bataille de *Forbach*, en Lorraine.

Le maréchal de Mac-Mahon, évacuant l'Alsace, devant l'armée du PRINCE ROYAL DE PRUSSE, avait ramené ses troupes au camp de Châlons. Il en partit, le 20 août, pour aller délivrer Bazaine, investi dans Metz avec l'armée de Lorraine. Mais les forces allemandes qui marchaient sur Paris se portèrent aussitôt sur lui; il se laissa cerner sous Sedan et fut fait prisonnier avec l'empereur Napoléon III et toute son armée : 120.000 hommes (1er septembre).

Le maréchal Bazaine, après la bataille de Borny et celle de Gravelotte, où son inaction et son incapacité laissèrent échapper la victoire, après la défaite de Saint-Privat (18 août), s'était laissé enfermer dans la place de Metz. Il y capitula honteusement au mois d'octobre, sans avoir rien fait de sérieux pour rompre le cercle des armées allemandes qui investissaient la place sous le prince FRÉDÉRIC-CHARLES. Il obligeait ainsi à se rendre une armée de 175.000 hommes, la dernière de la France, une des plus braves que nous ayons jamais eues. Dans sa rage impuissante, elle ne put que brûler ses drapeaux pour n'avoir pas à les livrer à l'ennemi.

La République était proclamée à Paris depuis le 4 septembre.

GAMBETTA, un des membres du gouvernement de la Défense Nationale, est délégué en province pour lever et organiser de nouvelles armées.

Son ardent patriotisme ranime tout le pays et fait des prodiges.

Trois principales armées furent organisées : le but de leurs opérations était surtout de débloquer Paris.

L'armée de la Loire, commandée par le général d'Aurelles de Paladines, puis par le général Chanzy, gagne la bataille de Coulmiers, perd celle d'Orléans et bat en retraite vers Le Mans, où elle perd la bataille du Mans.

L'armée de l'Est, commandée par le général Bourbaki, puis par le général Clinchant, gagne la bataille de Villersexel, perd celle d'Héricourt, et, sans parvenir à débloquer Belfort, se réfugie en Suisse, pour n'être pas faite prisonnière.

L'armée du Nord, commandée par le général Faidherbe, gagne les batailles de Pont-Noyelle et de Bapaume, perd celle de Saint-Quentin et bat en retraite sur les places fortes du Nord.

A Paris, le général Trochu, investi par les troupes allemandes, dès le milieu de septembre, tente plusieurs sorties pour essayer de donner la main aux armées de province.

A Champigny, un retard produit par la rupture des ponts de la Marne l'empêche de réussir. Paris résiste héroïquement à la famine et au bombardement pendant plus de quatre mois. Finalement, épuisée, la place doit capituler (février 1871).

La France est obligée de faire la paix.

C'est à Versailles, aux portes de Paris, que les différents États allemands s'unirent définitivement pour former l'Empire d'Allemagne, et que les princes allemands reconnurent le Roi de Prusse comme Empereur. — Deux provinces perdues qui, aujourd'hui encore, après quarante-trois ans, ne peuvent se consoler de n'être plus françaises, la France épuisée, saignée à blanc, déconsidérée pour longtemps dans le monde, tel était le bilan de cette malheureuse guerre.

Cette leçon doit être à jamais gravée dans nos cœurs; et il faut la rappeler aux généra-tions qui viennent maintenant accomplir leur devoir militaire sous le drapeau raffermi dans la Patrie relevée et prospère. La force, une armée disciplinée et solide, peut seule nous évi-ter dans l'avenir un autre désastre qui, cette fois, serait la fin de notre pays.

La Prusse ne nous aurait pas attaqués en 1870, si nous avions été alors une grande puis-sance militaire. Ce qui nous a manqué, ce n'est pas le courage, c'est l'organisation militaire. Quel est le Français qui, sachant cela aujour-d'hui, n'accomplirait pas allégrement ses trois années de service?

N'oublions jamais aussi nos malheureux frères d'Alsace et de Lorraine, qui tournent toujours leurs regards vers nous. Nous n'avons pas su les défendre ni les conserver; mais gardons avec eux dans nos cœurs une grande confiance dans les destinées glorieuses de notre Patrie. L'avenir est à ceux qui n'oublient pas.

COMBAT DE SIDI-BRAHIM

23, 24, 25 septembre 1845.

Sidi-Brahim est le nom d'un marabout, « tombeau de prêtre arabe », où le 8e bataillon de chasseurs à pied, pendant la conquête de l'Algérie, s'est distingué d'une façon admirable, immortalisant l'arme entière des chasseurs à pied.

A Djemma, sur la frontière du Maroc, le lieutenant-colonel de Montagnac commandait une petite garnison qui comprenait cinq compagnies du 8e bataillon de chasseurs et un détachemnt du 2e hussards.

Le lieutenant-colonel de Montagnac, averti par un caïd, « chef arabe », qui se disait notre allié, que l'émir Abd-el-Kader se trouvait dans les environs, décida de se porter à sa rencontre et sortit de la ville le 21 septembre au soir, avec 60 hussards et les cinq compagnies du 8e bataillon de chasseurs sous les ordres du commandant Froment-Coste.

Le caïd qui nous trahissait fit changer la direction de marche de la petite colonne et, le 22, quelques cavaliers ennemis furent aperçus sur les crêtes avoisinant le camp.

Le 23 septembre, au jour, le nombre des ennemis avait augmenté.

Le lieutenant-colonel décida alors de les attaquer. Il se porta à leur rencontre avec ses 60 hussards, commandés par le chef d'escadrons Courby de Cognord et les 3e, 6e et 7e compagnies du 8e bataillon de chasseurs.

Il restait à la garde du camp la 2e compagnie et la compagnie de carabiniers sous les ordres du commandant Froment-Coste. A la tête des hussards, le lieutenant-colonel de Montagnac s'élance sur l'ennemi, mais au lieu de n'avoir affaire qu'à un détachement de l'armée d'Abd-el-Kader, comme on le lui avait affirmé, il se heurta à toute l'armée de l'Émir, commandée par celui-ci en personne, et il fallut rétrograder.

De toutes parts se précipitent alors des nuées d'Arabes; froidement, comme à la parade, les compagnies forment le carré et la lutte s'engage meurtrière, acharnée de part et d'autre. Là tombent, l'un après l'autre, le lieutenant-colonel de Montagnac, le capitaine de Chargère, le lieutenant de Raymond; le lieutenant Larrazet, blessé, est fait prisonnier ainsi que le chef d'escadrons Courby de Cognord.

Ces braves mettent plus de deux heures à mourir; et c'est à leur place de bataille qu'ils succombèrent comme on put s'en convaincre plus tard en retrouvant leurs ossements.

Le lieutenant-colonel de Montagnac avait fait demander du secours au commandant Froment-Coste.

Celui-ci s'élance à la tête des chasseurs de la 2e compagnie, mais le massacre de leurs frères d'armes est terminé, et les Arabes se précipitent sur la nouvelle proie qui leur est offerte.

« Nous sommes perdus ! » s'écrie alors un jeune chasseur avec une nuance de regret dans la voix. « Quel âge as-tu? lui demande le commandant: — Vingt-deux ans, mon commandant. — Alors j'ai souffert dix-huit ans de plus que toi, et je vais te montrer comment on meurt la tête haute ! »

Le commandant tombe presque aussitôt, et, à ses côtés, le capitaine Dutertre et l'adjudant Thomas, blessés, sont faits prisonniers, et les douze survivants, criblés de coups, ne sont épargnés que grâce à l'intervention personnelle d'Abd-el-Kader. Le dernier et plus tragique épisode allait commencer.

Averti par un hussard, le capitaine de Géreaux réunit les derniers combattants laissés à la garde du camp et se porta au secours de ses camarades, mais, ne parvenant pas à rompre le cercle d'ennemis qui déjà l'entourait, il prend la résolution de gagner le marabout de Sidi-Brahim, situé à quelques centaines de mètres de là.

La petite troupe y parvient après des prodiges de valeur, et les 80 braves, avec leurs deux officiers de Géreaux et Chapdelaine, le docteur Rozagutti et l'interprète Lévy, organisent en un instant la résistance.

Les murs sont aussitôt crénelés, et chaque face de l'enceinte reçoit ses défenseurs, mais il faut que quelque chose parle au cœur de ces héros et leur montre en quelque sorte la Patrie pour laquelle ils vont succomber : il leur faut un drapeau.

On en confectionne un à la hâte avec un mouchoir blanc, une cravate bleue et une ceinture rouge du lieutenant Chapdelaine et, sous une grêle de balles, Lawayssière, le simple caporal qui, dans un instant, va devenir l'âme et le chef de cette poignée de héros, Lawayssière monte au sommet du marabout et y arbore ces chiffons qui deviennent pour eux l'image et l'emblème sacré du pays.

Il ne leur reste plus alors qu'à faire bravement leur devoir, et ils le font.

Trois fois, Abd-el-Kader les fait sommer de se rendre dans l'intervalle des assauts que livre son armée aux défenseurs du marabout.

Aux deux premières sommations, de Géreaux répond qu'il ne redoute rien et qu'il résistera jusqu'au bout; c'est Lawayssière qui reçoit la troisième, le capitaine et le lieutenant étant blessés et incapables de commander. Il ne peut contenir son indignation à cette nouvelle proposition, il cherche l'outrage, l'injure qu'il lancera à la face de l'ennemi et, prenant la lettre de l'Émir, il répond au bas : « M.... pour Abd-el-Kader, les chasseurs d'Orléans se font tuer mais ne se rendent jamais! » Et, plus acharnés qu'auparavant, les assauts recommencent.

Abd-el-Kader appelle alors le capitaine Dutertre qui, blessé, a été fait prisonnier et lui dit :

« Va trouver les tiens, je t'accorde la vie sauve si tu les décides à se rendre, sinon, je te fais couper la tête et je donne ton cœur à manger à mes chiens. Dans tous les cas, donne-moi ta parole de revenir me trouver, ta mission terminée. »

Le capitaine promet. S'approchant alors du marabout, il serre la main du capitaine de Géreaux et du lieutenant Chapdelaine, puis, s'adressant aux chasseurs, il leur dit d'une voix forte;

« Chasseurs, on va me couper la tête si vous ne vous rendez pas, je viens cependant vous exhorter à résister jusqu'au dernier et à vous défendre jusqu'à la mort ! »

Il va alors se reconstituer prisonnier ; l'Émir cruel autant que lâche tint parole, et bientôt les défenseurs du marabout pouvaient voir la tête du vaillant capitaine promenée au bout d'une pique sous les murs du marabout.

Mais cette exécution, au lieu d'abattre le courage des défenseurs, ne réussit qu'à le stimuler.

On lutte à coups de crosse de fusil, à coups de baïonnette, à coups de pierre, mais personne ne veut se rendre.

La nuit tombe ; le lendemain 24, au matin, rien n'est changé dans la situation respective des deux partis, les assaillants échouent dans toutes les tentatives qu'ils font pour s'emparer du marabout, mais les munitions et les vivres se font rares ; pour économiser les munitions on coupe les balles en quatre et la soif est tellement terrible, qu'on en est réduit à boire de l'urine mélangée avec de l'absinthe.

Il faut cependant en finir. Dans la nuit du 25 au 26, le caporal Lawayssière va chercher son drapeau et, le 26 au matin, tous les survivants s'élancent à la baïonnette sur l'ennemi en emportant leurs officiers ; ils vont chercher à gagner Djemma, mais trois lieues à franchir au milieu d'un cercle de feu et de fer, c'est presque tenter l'impossible.

Un moment surpris par ce coup d'audace, les Arabes se ressaisissent bientôt et barrent la route aux nôtres.

On parcourt cependant deux lieues, quand il faut s'arrêter à bout de forces et, épuisés de fatigue, on repart de nouveau. De Géreaux, Chapdelaine, Rozagutti, Lévy, tombent l'un après l'autre, leurs cadavres et ceux de leurs hommes jonchent la route fatale et il ne reste plus assez d'hommes pour former le carré. « Allons, s'écrie Lawayssière, encore un effort, en avant, à la baïonnette ! »

Les survivants lui obéissent. Noyés dans cette masse d'ennemis, ils luttent avec l'énergie du désespoir; ils aperçoivent Djemma et neuf chasseurs seulement arrivent aux portes de la ville.

On put encore recueillir quelques blessés : du 8e bataillon de Chasseurs, il ne restait plus qu'un caporal et onze chasseurs, dont cinq succombèrent peu après. 8 officiers, 252 hommes étaient tombés au champ d'honneur, il y avait 80 prisonniers; disons tout de suite que la majorité de ces malheureux furent massacrés, à l'exception de 10 d'entre eux qui nous furent rendus à la fin de 1846.

Lawayssière fut nommé sergent et on le décora de la Légion d'honneur; un monument dû à une souscription des bataillons de Chasseurs a été élevé sur la tombe de ce héros; un autre monument, élevé en 1846 sur le lieu du combat, rappelle, en outre, aux générations nouvelles, la belle conduite des Chasseurs à pied dans ces mémorables journées des 23, 24 et 25 septembre 1845.

DE L'ALCOOLISME

L'alcool est un poison pour l'organisme humain.

L'alcoolisme est l'empoisonnement par l'alcool. Cet empoisonnement est plus ou moins rapide, suivant les tempéraments et suivant la quantité d'alcool absorbé.

L'alcool est le résultat de la distillation des fruits et de certaines graines. Les liqueurs et les apéritifs sont fabriqués avec de l'alcool, auquel on ajoute des essences qui sont elles-mêmes des poisons violents.

Tels sont les vermouths, bitters, qui sont faits avec de l'essence de reine-des-prés. Tout le monde sait que cette plante est un poison violent.

L'absinthe, qui est fabriquée avec la plante de ce nom, est le poison le plus violent.

L'absinthisme est la maladie qui consiste à boire régulièrement de l'absinthe. L'absinthisme mène toujours à la folie du meurtre, et provoque les attaques d'épilepsie.

Des expériences ont été faites sur des animaux auxquels on injectait 1 centimètre cube d'alcool. Suivant la qualité de l'alcool, les animaux étaient atteints de troubles plus ou moins graves. Avec de l'alcool de grain non purifié l'animal meurt rapidement.

L'absorption d'alcool par l'homme amènera fatalement les mêmes résultats.

Le premier effet de l'alcool, c'est d'altérer les fonctions de l'estomac et du système nerveux.

De plus, l'homme alcoolique a le triste don de transmettre ses tares physiques à ses enfants.

Les fils d'alcooliques sont rachitiques et meurent toujours jeunes.

On a prétendu que l'alcool était un fortifiant et qu'il donnait du courage. On ne peut nier que l'alcool donne une excitation; mais cette excitation n'est que passagère, et, dès que l'effet de l'alcool est dissipé, l'homme qui en a bu est atteint de malaise et de faiblesse, et n'est plus capable d'aucun effort.

Conclusion : l'alcoolisme est un danger pour l'État.

1° L'alcoolique devient épileptique, fou et criminel, et n'est plus capable d'aucun effort; il est à charge aux siens ou à la société.

2° L'alcoolique est un fléau pour une famille; car, ne pensant plus qu'à boire, il dépense ses ressources et expose les siens à la misère et à la faim.

De plus, il est incapable de procréer des enfants sains et bien portants.

3° L'alcoolique est un danger pour la société, qui est obligée de l'enfermer dans les prisons comme criminel, ou dans des asiles comme fou.

4° L'alcoolique est un danger pour le pays, car il est incapable de rendre des services, de lui donner des serviteurs et des soldats en ses enfants, qui sont eux-mêmes incapables d'avoir des enfants solides et sains. L'alcoolisme est une source de dépopulation du pays.

Dans tous les pays on a compris le danger de l'alcoolisme, et les pouvoirs publics luttent contre le fléau.

Pour citer un exemple concluant, la Suède consommait, il y a soixante ans, 16 litres d'alcool par tête (femmes et enfants compris, bien entendu). Ce chiffre s'est abaissé à 7.

La population s'est accrue d'un quart, la fortune privée d'un tiers, et le nombre des criminels et des aliénés a diminué dans les mêmes proportions.

La France consomme actuellement 14 litres d'alcool par tête. C'est le pays d'Europe qui en consomme le plus.

Il est grand temps d'enrayer le fléau qui dépeuplera et ruinera la France.

A vous de commencer.

DISCOURS du Général de La Hayerie au 10ᵉ Bataillon de Chasseurs auquel il remettait le Drapeau des Chasseurs.

Chasseurs,

Votre réputation militaire n'est plus à faire; c'est par milliers que sont inscrits dans les fastes de l'histoire les faits d'armes accomplis par les Chasseurs à pied depuis leur fondation, et je suis certain que si la France est dans la nécessité de tirer l'épée pour sa défense et son honneur, vous serez à la hauteur de vos devanciers.

Je remets donc au 10ᵉ Bataillon ce noble emblème de la Patrie, il sera en bonnes mains et porté haut et ferme comme à Solférino.

Je salue en vous, braves Chasseurs à pied, l'esprit de corps, l'esprit de discipline, la confiance dans le commandement, qualités maîtresses qui font la force et la cohésion des armées.

Je vois en vous la personnification de l'infanterie française, intelligente et vaillante, dont la devise sera toujours « Honneur et Patrie ».

CHANSONS DE MARCHE

Sidi-Brahim.

Francs chasseurs, hardis compagnons,
Voici venir le jour de gloire;
Entendez l'appel du clairon
Qui nous présage la victoire!
Volez, intrépides soldats,
La France est là qui vous regarde! -
Quand sonne l'heure du combat,
Votre place est à l'avant-garde!

(Refrain.)

2e COUPLET

Quand votre pied rapide et sûr
Rase le sol, franchit l'abîme,
On croit voir à travers l'azur,
L'aigle voler de cime en cime.
Vous volez en noirs tourbillons
Et parfois, limiers invisibles,
Vous vous couchez dans les sillons,
Pour vous relever plus terribles!

(Refrain.)

3e COUPLET

Aux champs où l'Oued-Al suit son cours,
Sidi-Brahim a vu nos frères,
Un contre cent, lutter trois jours
Contre des hordes sanguinaires.
Ils sont tombés silencieux
Sous le choc, comme une muraille;
Que leurs fantômes glorieux
Guident nos pas dans la bataille!

(Refrain.

4e COUPLET

Héros au courage inspiré,
Nos pères conquirent le monde;
Et le monde régénéré
En garde la trace féconde...
Nobles aïeux, reposez-vous,
Dormez dans vos couches austères :
La France peut compter sur nous,
Les fils seront dignes des pères !

(Refrain.)

5e COUPLET

Surprise un jour, frappée au cœur,
France, tu tombas expirante!
Le talon brutal du vainqueur
Meurtrit ta poitrine sanglante.
O France! relève le front
Et lave le sang de ta face :
Bientôt nos pas réveilleront
Les morts de Lorraine et d'Alsace!

REFRAIN

En avant! Braves bataillons!
Jaloux de notre indépendance,
Si l'ennemi vers nous s'avance,
Marchons! Marchons! Marchons!
Mort aux ennemis de la France!

La Protestation.

Nous sommes trente mille braves
Au képi sombre, au manteau bleu!
Qui laissons même les zouaves
Derrière nous courir au feu.

Vous qui voulez qu'on nous supprime,
Qu'avez-vous à nous reprocher?
En guerre, en paix, notre seul crime,
C'est d'avoir su trop bien marcher!

REFRAIN

Ne touchez pas au corps d'élite!
Chasseurs! Chasseurs! Pressons le pas
Qu'on nous fasse marcher plus vite,
Mais qu'on ne nous supprime pas!

2e COUPLET

Voyez un peu notre démarche,
Essayez de nous suivre au pas!
C'est notre bataillon qui marche;
Allons! ne vous essoufflez pas!
C'est le clairon qui nous entraîne,
Notre clairon, c'est notre amour.
Fil du soldat qui, lent, se traîne
Trébuchant derrière un tambour!

REFRAIN

Place aux chasseurs! la route est large
La route qui mène au combat.
Vous les verrez pousser la charge
Si vous ne les supprimez pas!

3e Couplet

Visez-vous à l'économie
Des cinq milliards qu'on dut verser?
Nous vous offrons tous notre vie
Pour vous les faire rembourser.
Si vous tenez au drap garance,
Qui coûte autant sans valoir mieux.
Notre sang, versé pour la France,
Rougira nos pantalons bleus!

Refrain

A nous les coups de main dans l'ombre
Qu'il faut exécuter tout bas!
Notre tenue est assez sombre
Pour qu'on ne la supprime pas!

4e Couplet

Vous avez vu nos frères d'armes
Tomber au loin pour leur pays;
Vous leur avez donné vos larmes,
Épargnez donc leur vieux débris!
Serez-vous plus durs que la guerre?
Ne voulez-vous pas ménager
Aux chasseurs dormant sous la pierre
Quelques chasseurs pour les venger?

Refrain

Que le canon Krupp nous décime!
Il a sur nous droit de trépas.
Et s'il le peut, qu'il nous supprime...
Mais vous, ne nous supprimez pas!

Les P'tits Vitriers.

I

Vite j'entends la fanfare
Qui retentit,
Le Bataillon démarre
Il est parti.
Chasseurs la mine fière,
Bouc au menton,
Comme s'ils partaient en guerre
Viv'ment s'en vont.

II

Ils traversent la ville
En coup de vent,
Marchant d'un pas agile
Clairons sonnant.
Admirez leur allure,
Ils sont pressés,
Qu'ils font belle figure,
Ils sont passés.

III

Tout le long de la Meuse
Ils courent gaiement,
Sur la route poudreuse
Pleins d'entraînement.
Aucun ne perd haleine
Dans les Chasseurs,
Ils sont tous à la peine,
Tous à l'honneur.

IV

Souples comme des couleuvres.
Forts et trapus,
A toutes les manœuvres
Ils sont rompus.
Leur sac comme une plume
Paraît léger,
Ne semble, malgré l'volume
Les déranger.

V

Ils ont des épaulettes
Vert d'épinards,
Et des tournures coquettes
De vieux briscarts.

Ils triomphent des belles
Sans perdr' de temps,
A tout's les bagatelles
Des débutants.

VI

Sidi-Brahim en masse
Vit ces héros,
Luttant avec audace
Et sans repos
N'ayant qu'une récompense
A recueillir,
Pour l'amour de la France
Devoir mourir.

Refrain (*bis*)

Ohé! Ohé! Ohé!
Voilà les vitriers
Ah quels gentils troupiers
Que les p'tits vitriers.

Le chant des Zouaves.

Sous le soleil brûlant de l'Algérie
Notre étendard planait calme et vainqueur;
Aux cris d'appel de la mère Patrie
Du Nord il court affronter la rigueur.
Viens déployer au vent de la Crimée
Tes plis sacrés, ô mon noble drapeau!
Déjà noircis de poudre et de fumée,
Au premier rang ils flotteront bientôt!

(*Refrain.*)

2ᵉ Couplet

Ainsi qu'on voit des flancs noirs d'un nuage
Jaillir soudain la foudre et les autans,
Tels des vaisseaux, s'élançant sur la plage,
De nos zouaves les flots impatients
Comme un torrent de laves bouillonnantes
Nos bataillons fondent sur l'ennemi
Et vont briser leurs vagues triomphantes
Jusqu'au sommet des remparts de granit.

(Refrain.)

3ᵉ Couplet

Que le conscrit tout bas se désespère,
S'il passe un jour sans vivres, sans abri :
Le vieux soldat sait dormir sur la terre,
Le sol suffit à son corps endurci.
Puis nous avons pour chasser la famine,
Certains moyens qu'en Afrique on apprit :
Nos maraudeurs fournissent la cantine
Et nous vivons aux frais de l'ennemi.

(Refrain.)

4ᵉ Couplet

Jeunes beautés qu'à l'hiver le ciel donne
Comme au printemps il a donné les fleurs,
De nos plaisirs effeuillez la couronne,
Dansez gaîment, grâce à vos défenseurs,
Mais, si plus tard, survient dans une fête
Quelque zouave au front cicatrisé,
Qu'un doux sourire, acquittant votre dette
Lui paie enfin le sang qu'il a versé.

(Refrain.)

5e Couplet

Sans crainte, amis, on peut fouler la terre
Qui tôt ou tard doit recouvrir nos corps,
Lorsqu'on sent là, seuls biens du militaire,
Un cœur loyal, une âme sans remords.
Heureux celui qui meurt dans les batailles,
Sous son drapeau, près de ses vieux amis;
Il a du moins de nobles funérailles
Et Dieu bénit qui meurt pour son pays.

Refrain

Hourrah (*bis*), brave régiment!
Le tambour résonne
Et le clairon sonne!
Hourrah! (*bis*), zouaves en avant!
Hourrah! en avant! (*ter*).
Pan! pan! l'arbi! les chacals sont par ici,
Les chacals et les vitriers
N'ont jamais laissé les colons nu-pieds!
A deux sous la paire de souliers
Les chacals et les vitriers
N'ont jamais laissé les colons nu-pieds!

TABLE DES MATIÈRES

Instruction du Tir.

Service des Places.

Service en Campagne.

Divers.

Chansons de Marche.

NANCY-PARIS, IMPRIMERIE BERGER-LEVRAULT